序言

　　華夏文化圈，歷史最久，影響深遠的經典，非易經莫屬了！從古到今，研究易經的中外學人，不可勝數，研究成果與著述，汗牛充棟，吾人盡一生之力，也無法閱畢之！易經研究的風潮，未隨時代潮流巨輪之前進而消褪。

　　秦時，易經因有卜筮運用價值，而免於被焚，才能流傳保留至今。易傳十翼完成後，易經就正式成為一部哲學經典了。

　　春秋時期的教育家孔子，以易經為教材，教導其門下弟子，從此易經成為儒生必讀的古籍，易經之學習走出宮廷，再也不是貴族之學了！到了唐太宗時，孔穎達奉命編撰《周易正義》，頒行之後，成為科舉考試必讀的教科書，對後世影響更深遠。即使到了現今，高等教育的大學哲學系或中文系，也有開設易經的相關課程，供學生選習。另外，不少文史哲的碩博士論文，是以易經為研究主題的。易經之學習不僅盛行於民間，更登堂入室走進最高學府，形成了一門學問——易學。

　　學問之探究，大概分為理論與應用二方面，本書人生易學概論主要以應用層面為主。作者從研易的體

人生易學概論
——一位校長辦學之源泉

悟中，整理出自我修身、營造家庭、待人處事、從政治國的行爲準則與作法，這是易經智慧的結晶，也是易經最有價值，最能幫助吾人的地方。而易經另一個重要的應用層面——占卦法，本書將以金錢卦作深入淺出的解說，由先備知識的介紹起頭，接著學習進階知識，最後以實例一步一步解說操作，讀者只須循序漸進地學習實作，就可瞭解金錢卦的操作原理，進而將它運用於生活中，解除自身的迷障，選擇周延的方法，合理的態度來解決問題，達到趨吉避兇之目的。

劉紀盈 謹識
一一三年六月一日

目錄 CONTENTS

圖表次

第一章

易經真不簡單

獨獨易經一書，除了文字簡古，是中國最早的一部典籍之外，它源於卜筮的神秘哲學思想內涵，更是往往言人人殊，瞻之在前，忽焉在後，不易捉摸，所以要了解它談何容易？——林政華教授（註一）

　　易經眞的不簡單！從古至今不曾被遺忘過，在國內、國外有不少個人與團體研究易經，甚至成立了相關的研究學會與機構，定期辦理易經的研討會或學術發表會。易經研究風潮從未消褪，二、三千年前如此，近數十年未嘗不是如此！可說是一門顯學，風迷了幾多古今中外學人哪！

人生易學概論
一位校長辦學之源泉

第一節　中外名人點評易經

　　易經被人翻譯爲英、日、德、法等多種不同語言版本，在世界各國行銷，許多外國學人，因此有機會閱讀與瞭解這部典籍。不分中外，若干著名人物將研究易經的心得，寫成具有參考價值的點評，讓後人知道易經更多的附加價值，擺脫易經是卜筮之書的刻版印象，快來看一些古今中外名人的點評吧！

　　論語述而篇：「子曰：『加我數年，五十以學易，可以無大過矣。』」（據一些學者的考證，如：郭沫若、李鏡池等，認爲魯論語的『易』讀若『亦』，因此，此話應是：加我數年，五十以學，亦可以無大過矣。不過，多數的學者仍支持原述而篇的說法。）

　　司馬遷曰：「孔子晚而喜易，序彖繫象說卦文言。讀易韋編三絕。曰：『假我數年，若是，我於易則彬彬矣。』」根據論語、史記、漢書等文獻的記載，孔子確曾讀過易經，並以易經教授弟子，他認爲易經是很好的修行培德之經典，可以使人無過，成爲君子。

　　唐太宗時，博學多才官至祕書監的虞世南曾說：「不讀易經，不可爲將相。」易經在商，周時期可說

是宮廷貴族之學，爲官治國之寶典。宋朝大文豪蘇東坡曾說：「撫視《易》、《書》、《論語》三書，卽覺此生不虛過。」易經在爲人處世方面可以給我們許多有益的啟示，可說是一部人生哲學的鉅著。國府遷臺初期的中央研究院院長胡適，曾明確指出：「孔子學說的一切根本，依他看來，都在一部易經。易經可說是儒家思想的源頭，群經之首，中華民族智慧與學問的總匯。」

在外國，易經同樣受到一些名人的重視。如：德國著名的精神現象學哲學家黑格爾曾說：「易經代表了中國人的智慧。」同樣的，另一位德國數學家，微積分發明者之一的萊布尼茲指出：中國易經的理性思辨魅力與思想方式，對他從事研究的方法論具有啟迪性的影響。

瑞士著名的分析心理學家卡爾‧古斯塔夫‧容格，在治療病人時，發現病人的精神狀態與他所處的物質環境之間存在著奇妙的關係，但無法僅依因果律來說明。在他看了德籍傳教士李赫圖‧維爾赫爾姆翻譯的易經後，發現了共時性學說，解釋了在某一時間內，心的現象與物質現象，具有某種關連性才會發生。因此，容格曾說：「我們在科學方面所得出來的定律常常是短命的，而中國的易經亙古常新」。

在日本的戰國時代，各地揭竿而起的武人們，在

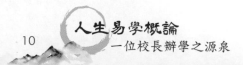

決定行動的緊要關頭時，都會透過易經來占卜以判斷
退乎？進乎？易經被視爲是天命之書，平時則視易經
爲一種高度的生活學問。（註二）

第二節　易經的神秘面紗

　　已故總統李登輝曾在公開場合提到，他也在學習易經這本最具中華文化智慧的書。那時，全國各地刮起了學習易經的風潮，上至官員下及人民也跟著學易經，易經的研究到了現代仍然非常盛行。在更早的年代，根據四庫全書的統計，著錄注解周易之書，共有一百五十九部，一千七百四十八卷；附錄八部十二卷，存目無書者，不啻倍焉。已故中研院院士屈萬里曾說：「卽就周易之註述言之，歷代說易之書，其存於今者，幾近千種。」班固曾云：「易道深矣，人更三聖，世歷三古。」易經起源於神話時代，從沒有文字圖像畫卦時期，演進至發明文字紀錄龜卜占筮內容，到研究易經著述立論，歷經太古、中古、近古、古代、近代、現代約近七千年。黃慶萱教授說：「周易本來就是含有豐富神話與傳說的古書，但是很少有人從這個角度去研究，揭開神秘的面紗，呈現它原有的一個面目。」（註三）從古至今研究易學名家不知凡幾？易學相關論著汗牛充棟，但易經神秘面紗仍在，易經存在的一些疑義，有心者再繼續研究求索，至今仍未停歇。筆者才疏學淺，仍在學習易經，本小節僅討論易經成書年代與作者的問題。

人生易學概論
一位校長辦學之源泉

《周禮・春官宗伯》說：「大卜掌三《易》之法，一曰《連山》，二曰《歸藏》，三曰《周易》。其經卦皆八，其別皆六十有四。」本來有三種易並存，它們的經卦沒有不同，都是三畫卦，卦體都是八象，只有在六十四卦方面有差別而已。後來，《連山》、《歸藏》人們使用得少，久而久之自然失傳，僅周易流傳下來。本節是就周易來討論其成書年代及作者。

　　連山、歸藏、周易三種古易，目前流通的僅剩周易。周易有經、傳兩部分，經部指六十四卦卦辭，及三百八十四爻爻辭，這部分是屬於古經，歷經上古的伏羲氏時代、中古的文王時代，以及西周、春秋前期的近古時代才完成的。（註四）高亨曰：「周易古經，蓋非作於一人，亦非著於一時也。」周易古經，大抵成於周初，至於最後撰人是誰？不得而知。（註五）傳部指象傳、象傳、繫辭傳上下、文言、說卦、序卦、雜卦等七種十篇，又稱十翼，它是用來解說經部的，使周易由卜筮之書成為一部經典的哲學著作。

　　司馬遷曰：「孔子晚而喜易，序象繫象說卦文言。」易緯乾坤鑿度曰：「仲尼魯人，生不知易本，偶筮其命，得旅，……五十究易，作十翼明也。」班固曰：「孔氏為之彖象繫辭文言序卦之屬十篇。」陸

德明曰：「孔子作彖辭、象辭、文言、繫辭、說卦、序卦、雜卦，是爲十翼。」孔穎達曰：「其彖、象等十翼之辭，以爲孔子所作，先儒更無異論。」在傳統的說法中，漢代人都認爲彖、象、繫辭等篇是孔子所作，直到北宋歐陽修作《易童子問》，開始懷疑易傳非孔子作。（註六）這個重要的問題，從此以後，歷朝歷代不少名人投入研究，得到許多結論，可說百家爭鳴，各有擅場。

葉適謂：「繫辭、文言、序卦，文義複重，淺深失中，非孔子作。」趙汝談撰南塘易說三卷，專辨十翼非孔子作。清代史學家崔述按春秋、堯典、禹貢、論語、左傳、繫辭、文言之文，孔孟之關係與史實加以論證，認爲易傳必非孔子所作，而亦未必一人所爲。郭鼎堂謂：「周易作者爲馯臂子弓，易傳的十翼不作於孔子。」李鏡池說：「經今人的考證，易傳不是孔子所作，卻無疑是出於儒家之手。」錢穆先生所著「論十翼非孔子作」，提出十個證據主張十翼非孔子作。

易傳十翼發展的傳統說法：漢代人都認爲彖、象、繫辭等篇是孔子所作。自司馬遷以來，學者皆言孔子傳易；班固以來諸儒之說易者，皆謂易傳爲孔子所作，至於唐朝、北宋時仍咸承此種說法。直到歐陽修作《易童子問》提出疑議後，更多不同的研究考證

人生易學概論
一位校長辦學之源泉

結論，才在往後的朝代與時期中被提起。不過，至近代、現代，仍有不少學者支持象辭、爻辭和十翼皆為孔子所作的說法，如：皮錫瑞、杭辛齋、顧實、熊十力等人。王國維的古史新證也提到：十翼相傳為孔子作，至少亦七十子後學所述也。

　　呂紹綱先生以三點來論證孔子作易傳。第一點：以思想體系來論證。他指出：論語及春秋兩部經典的內涵，是屬於孔子的思想體系，把易傳的思想與論語、春秋做比較，二者一致，找不出乖違之處；第二點：以歷史文獻來論證。論語、史記、漢書有關於孔子作易傳的記載是明白無誤的，史記是歷來得到公認的信史。近來，甲骨文的研究與考古學上的發現，證明史記關於夏商歷史的記載是沒有失誤的。史記作者司馬遷的父親司馬談，跟隨楊何學易經，楊何是孔子九傳弟子，司馬遷聽聞父親之說法，當非信口開河；第三點：以考古文獻來論證。一九七三年長沙馬王堆出土的帛書易傳佚文要篇提供兩點證據，其一是孔子說：「後世之士疑丘者，或以易乎？」這與孔子世家記孔子自述：「後世知丘者以春秋，而罪丘者亦以春秋。」語意相同，春秋是孔子作，易傳按理也當是孔子作；其二是孔子說：「予非安其用，而樂其辭……夫子亦信其筮乎？（子曰）我觀其德義耳。」這種不信卜筮只看思想的治易態度，與傳世本易傳相一致。

因此，呂紹綱先生認為易傳有一部分是孔子自己寫就的，有一部分是前人舊說，有些是孔子弟子紀錄孔子之言，一部分是後世人轉抄竄加偽作，扣除後人竄入之偽作，易傳著成之模式同於論語，都是屬於孔子的思想。

　　如上所述，易傳十翼七種十篇內容繁複，非一人一時所能完成。針對易傳每種每篇完成於何朝何時研究之學人不在少數，每人蒐集的古籍文獻與考古學資料不盡相同，因此，不同的學者有許多不同的研究說法。本節不做易學史的探討，擬以整體觀來述說整個易傳十翼完成的時期。因為不同研究人員有不同的研究結論，茲舉主要的幾位學者說法如下：第一位已故的中央研究院院士屈萬里說：「周易十翼為戰國中葉至西漢一時期之作品。」；第二位李鏡池說：「易傳的著作年代，當在戰國以後，最早寫於秦朝，最晚在西漢中後期。」；第三位張立文說：「易傳究竟成於何時？作於何人？依據古文獻與地下發掘資料，易傳的時代上自春秋，下至戰國中葉，作者亦非一人。」此研究問題，言人人殊，還有待後世學人繼續研究求索。

人生易學概論
一位校長辦學之源泉

第三節　易經作者的另類說法

　　易經的起源，傳統的說法：伏羲畫八卦，文王演易重爲六十四卦等。這種傳說，學者認爲不足探信。易經的發展歷經神話時代、上古、中古、近古直至現代，已有七千年的歷史。對於易經的作者是何人？目前學者的共識是：易經非一人一時所能完成，它是歷朝歷代的聖人不斷的論述與增補，才有現今能被我們知曉的周易，給留傳下來，這就是標準的「累世聖人完成說」，易經是從古至今，有德有能的聖人集體創作的鉅著。

　　個人手中所蒐集的文獻，有三則另類的說法，提出來與各位讀者分享，他們的說法，不被多數學者認同。

　　第一種另類說法是由郭鼎堂先生提出的，他認爲易的創作者是楚人馯臂子弓。子弓生於楚，遊學北方，曾是商瞿弟子，而商瞿是孔子再傳的弟子。秦以前唯一論周易的儒者荀子，他特別稱讚子弓，覺得同時代的子思、孟子等儒者，都無法與子弓相提並論，他認爲子弓是孔子以後唯一的聖人。

　　郭鼎堂所持的論據是：周易爻辭用了春秋中葉的晉事，它與南方色彩濃厚的易繇陰陽卦同出汲冢。周

易爻辭的文體字韻具南方色彩，易繇陰陽卦爲南方人所著，周易也當爲他所寫。此人遊學北方，爲迎合北方人而另著周易。另外一種可能是北方的魏、晉人倣易繇陰陽卦而寫成周易。

郭先生據史記仲尼弟子列傳和漢書儒林傳的易學傳授系統來看，晉人、魏人在易學傳統上是沒有關係的。因此，他認爲周易是由易繇陰陽卦的作者爲迎合北方人而另作的。此位作者，他依荀子的說法，認爲是楚人馯臂子弓。

第二種另類說法是由謝寶笙先生提出的，他認爲易的創作者是周朝開國功臣，兩代元老，周文王四友之一的南宮括。（註七）

易經繫辭傳云：「易之興也，其當殷之末世，周之盛德邪？當文王與紂之事邪？是故其辭危。」此爲探討周易作者最早之說。謝先生以卦名、卦辭、爻辭、卦序、左傳、國語、馬王堆出土文物、甲骨文、金文、詩經、尚書等第一手文獻，與殷周之際發生的眞實歷史事件，來印證易經本文的眞實性。統計六十四卦的二十個吉凶判辭，在易經上、下經分布的規律，發現「悔亡」此一判辭出現在下經十九次，而上經一次也沒有出現，他以這種比例極度違反或然律的情形，推論有一個刻意創造「悔亡」一詞，且使之僅出現在下經之中。

人生易學概論
一位校長辦學之源泉

謝先生採用了五種方法來論證：（一）從「悔亡」一詞的統計及分析；（二）從確定易經的中心哲理出發，證論其所能與之相配的背景，也應帶有相同的規律；（三）將臨卦之前十多卦和伐紂前的史料比較，將臨卦後的十多卦和西周建立後的史料相比較，證明上經是周克殷的歷史哲學；（四）從四千九百多字的解說中，微觀地來論證所有細節；（五）從論證六十四卦的主角是誰？進而說明全書的內容。謝先生採用系統的論證方法，與多種古文獻、出土文物、殷周之際的史實，來檢證易經上、下經之後，他提出易經上經是周克殷的歷史哲理，下經是南宮括的自傳之結論。

第三種另類說法是由史記作者司馬遷提出的，他認為「周易」的作者是周文王，他在《史記‧太史公自序》說：西伯拘羑里，演《周易》；在《周本紀》說：西伯蓋即位五十年，其囚羑里，蓋益《易》之八卦為六十四卦；在《日者列傳》也說：昔先王之定國家，必先龜策明，而後乃敢代……自伏羲作八卦，周文王演三百八十四爻而天下治，《易傳‧繫辭下傳》亦說：《易》之興也，其於中古乎？作《易》者其有憂患乎？《易》之興也，其當殷之末世，周之盛德邪？當文王與紂之事邪？

由上述文獻記載來論證，殷末周初時的軍事爭

戰，外交邦鄰之親附，民心之歸向，殷周鼎革之歷史，與周易卦爻辭記載之史實相符，亦合於周易主變說的哲理。周朝民族男尊女卑之風俗與倫理。周代的禮制，強調天命靡常之立國精神，也與周易尚陽哲學相一致。因此，鄭吉雄教授認爲：司馬遷之《周易》作者的說法，亦有其一定的道理。

人生易學概論
一位校長辦學之源泉

第四節　學易之門徑

　　四庫全書總目提要經部易類一門目下云：「易道廣大，無所不包，旁及天文、地理、樂律、兵法、韻學、算術，以逮方外之爐火，皆可援易以為說；而好異者又援以入易，故易說愈繁。」易經繫辭下傳也云：「易之為書也，廣大悉備：有天道焉、有人道焉、有地道焉，兼三才而兩之：故六。」易經一書，經孔子採為教材，用來教導門下弟子，從此它變成儒生必讀的經典。到了漢武帝時，採用了董仲舒的策議，罷黜百家，獨尊儒術，使孔子地位凌駕於諸子百家之上，孔子及門下弟子所傳的易傳（十翼），也跟著易經成為五經之首。從此以後，歷代研究易經之學人，不可勝數，投入易經相關領域的研究，亦所在多有。因此，易學及其相關領域的著作汗牛充棟，廣大悉備，窮個人畢生之力，亦無法盡閱之，所以不得不有所取捨。

　　學易須知取捨，但古今易學相關論著，居群籍之首，且各門各派紛呈，令初學者不知所從。四庫全書經部易類總敘卷一云：「……故易之為書，推天道以明人事者也。……漢儒言象數，去古未遠也。一變而為京、焦，入于禨祥；再變而為陳、邵，務窮造化。

易遂不切民用。王弼盡黜象數，說以老、莊。一變而程子、胡瑗，始闡明儒理；再變而李光、楊萬里，又參證史事。易遂日啟其論端。此兩派六宗，已互相攻駁。……」兩派是指象數派與義理派；六宗是指象數派有三宗：包括（一）漢儒的筮占派；（二）京房、焦贛等人的禨祥災異派；（三）陳摶、邵雍等人的圖書（河圖、洛書）派。義理派的三宗：（一）王弼等的玄學派；（二）程頤、胡瑗等人的理學派；（三）李光、楊萬里等人的史事派。（註八）易學的初學者，應先瞭解易經思想體系之各派各宗的概況，再依自身的興趣、能力與文獻取得之難易來抉擇由何派何宗入門研究易學。

研易的方向確定，開始學習易經，有兩點特別重要。第一：恆心。有恆是能持續學習的重要修為，持續研習易經，就能專精於易經，對易經有更多的心得與體悟；第二：受教於名師。古時易傳的流傳，非常講究師承。史記仲尼弟子列傳云：「孔子傳易於瞿，瞿傳楚人馯臂子弘，弘傳江東人矯子庸疵，疵傳燕人周子家豎，豎傳淳于人光子乘羽，羽傳齊人田子莊何，何傳東武人王子中同，同傳菑川人楊何。何元朔中以治易為漢中大夫。」名師出高徒，名師一指點，勝讀十年書。

易學兩大派為象數與義理，象數派可說是易學

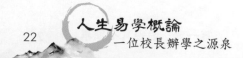
人生易學概論
一位校長辦學之源泉

的實務應用面，涉及堪輿、醫藥、命理、相術、占卜……等多個領域；義理派像是易學的哲學理論面，涉及政治哲學、歷史哲學、人生哲學、價值哲學等。戴君仁教授說：「孔門傳易的後學，他們講易就是重視義理的。漢之費直、魏之王弼，也都本此宗旨。研究易學應該以義理為正宗。」因此，本文學易之門徑乃呼應戴師之觀點，以吳宏一教授所提之方法為主。方法一：以傳解經：易傳與易經二者密切相關，沒有易傳的話，我們很難讀懂易經，所以先讀易傳再讀易經經文；方法二：以圖解易：這裡的圖是指八卦的卦形符號和六十四卦的內外卦之六畫卦爻在內，這些圖象與象數也有相關，這是解讀易經的重要基本知識；方法二：他山之石：古今中外有關易經之論著不可偏廢，蒐集越齊全，讀得越多越好；方法四：出土文獻：清末民初以來，有不少新出土的古代文獻資料，對易經的研究貢獻很多，研究者不能偏廢考古學上的新發現對易經有影響的這個事實。

第二章

學易的先備知識

周易流傳已久，又沾上一些迷信色彩，語言文字以及思想觀念，都因古今之變、南北之異而產生許多隔閡，因此對現代讀者來說，讀周易不是一件容易的事。——吳宏一教授（註一）

　　古時有三易：連山易、歸藏易、周易。連山、歸藏二易已失傳，目前流傳下來的僅剩周易。周易的周，有的學者認為是朝代名稱，指周朝。有的學者認為周是指周普、周延；有的認為兼指上述兩義。周易有經、傳兩部分，經是指古經，包括六十四卦、卦形、卦符、卦辭、爻辭；傳是解說古經的文字，共七種十篇，又稱十翼。古經部分，字句向稱奧奇，難讀難懂，須有基礎的先備知識，方能瞭解經文的微言大義。

人生易學概論
一位校長辦學之源泉

第一節　周易之易

周易眞是千古奇書，幾千年來不少人在研究它。光是書名，從古至今就有很多學者在探討。周易的周，根據學者的研究，就提出了三種不同的主張。周易的易，學者認爲更能彰顯周易一書的精神，對它進行更多的探究。

中國最早的一部字典說文解字，它說：「易，蜥易、蝘蜓、守宮也。象形。」易是一個象形字，上半部日像四腳蛇的頭，下半部勿像四腳蛇的身和腳。說文解字這樣的解釋，與易經的內容和意義是沒有任何關連，因此，此說無法採信。

漢代的魏伯陽，在他的周易參同契裏，把易字說成：「日月爲易。」易的上半部日象徵陽，下半部勿象徵陰，日月合起來的易字就象徵陰陽的變化。但勿字的字源與月字的字源不同，這種牽強附會的說法，往往不被認同。

已故的黃振華教授在殷代的甲骨文裏找到象形的易字，據他的解說：上半部尖頂代表初出的太陽或者是日落時的太陽，只露了一半；中間那條弧線象徵海的水平面或者是山的弧線；下面三斜線象徵太陽的光線。這個象形字代表日落、日出時的景象，也隱

涵由黑夜到光明，或是由光明到黑夜的變易。伏羲作易時，仰觀天象俯察地理而得出陰陽變化的道理，甲骨文的 🜊 正指出晝夜的變換。易字的字源應是甲骨文中指示日出為易或日落為易的 🜊 字。黃教授依甲骨父 🜊 字的意義，將易的意義確定為：日出為易或日落為易。（註二）

謝寶笙先生從易經上經中的文字，發現到不少有關於國家民族、戰爭結盟、朝代興衰、行師征邑等的史實內容，他把周文王與商紂的史實，周武王伐紂事件和易經本文相對應，證實了上經是周克殷的歷史描述，因此，他認為易經的易字有革命的意思。（註三）

漢魏學者喜談象數，以為陰陽為立象之本，卦爻示象有特定的意義，立了條例來解釋易的名義。後代學者，仍不斷有人在探討易之名義。清代的毛奇齡，在撰寫仲氏易時，總括前人之說法，認為易兼有變易、交易、反易、對易、移易等五種意義。

漢代易緯，乾鑿度，以為易有三義：簡易、變易、不易。漢人鄭玄之易贊及易論說：「易一名而含三義。簡易一也，變易二也，不易三也。」上述易緯對易的意義之三種解釋，從漢以後直到今日，學易的人都能接受。

人生易學概論
一位校長辦學之源泉

第二節　學易之先備知識

　　現今流傳下來的周易，內容包括古經與易傳兩大部分。古經分上、下經，上經從乾卦開始，結束於離卦，共三十個卦；下經起自咸卦，終止於未濟卦，共三十四個卦。易傳部分，包括彖上、彖下、象上、象下、繫辭上、繫辭下、文言、序卦、說卦、雜卦等十篇，又稱十翼。

　　古經部分，文字艱澀，卦象玄奧；易傳部分，文言文句式，紛繁的註釋，使周易成為一部難讀的古書。周易裏有一些特別的用字、用詞，十翼所闡釋古經的卦辭、爻辭之範疇與次序有所差異，這些都是讀者事先要瞭解的先備知識。有了這些重要的基礎認知，讀者方能輕鬆讀易而無任何障礙。以下先介紹讀古經部分的先備知識。

　　研讀周易古經的基本先備知識：

　　1.元：開創、開始。在乾卦解釋為原始、創始。
　　　（註四）

　　2.亨：順暢通達、順利；利：適宜和諧、有益於。

　　3.貞：端正而穩固、堅持不屈；吉：吉祥、好的事。

4.凶：凶禍、凶險、損失；悔：懊悔、憂慮、困厄。

5.吝：遺憾、麻煩、吝惜；陰：柔弱、女性、小人，以‑‑表示；陽：剛健，男性，君子，以━表示。

6.厲：危險、危難；咎：過錯、怪罪。

7.時：時間；位：空間、環境、立場地位。（註五）

8.理：恆常的真理，不變的法則；數：宇宙萬象變化的實際應用與計量；象：形而下的現象或物象。

9.應：初、四爻，二、五爻，三、上爻等兩爻為一陰爻一陽爻，則稱相應。比：性質相同的兩爻，位置連在一起，一爻若有變動，另一爻連帶發生變化。如初爻與二爻相比，二爻與三爻等。

10.乘：指上位之爻對下一爻而言，如二乘初、三乘二等。承：指在下位之爻對上一爻而言，如初承二、二承三、三承四、四承五、五承上等。

11.經卦：指原來的三畫卦，也是通常所說的八卦。

12.重卦：指六畫卦，就是一般所說的六十四卦。

13.變卦：動爻產生變動後所新形成的卦。

14.錯卦：一個卦每個爻的陰陽都產生變化後形成的新卦。

15.卦體：卦有內外二體，在下面者爲內卦，在上者爲外卦，兩兩相重而成卦，是謂卦體。下體小成，上體爲大成。（註六）

16.當位：六爻中，初、三、五爻爲陽位，二、四、上爻爲陰位；陽爻居陽位，陰爻居陰位。

17.中位：六爻中的第二、五爻稱爲中位；也是下卦、上卦中間的爻位。

18.中正：陰爻居第二爻位，陽爻居第五爻位，既當位又是中位，故稱中正。

　其他卦爻排列組成方式，以圖示輔助說明之：

　1.六爻圖：以－代表陽爻，以－－代表陰爻，陽爻用九，陰爻用六，由下依序往上而排成，如圖示：

六爻圖

2.三才圖：指天道、地道、人道、天道重陰陽，
  地道曰剛柔，人道講仁義，人立於天地之間。

三才圖

3.綜卦：一個六畫卦倒過來由上往下看，便形成
  了綜卦。

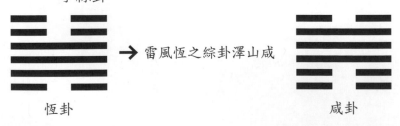

→ 雷風恆之綜卦澤山咸

恆卦   咸卦

人生易學概論
一位校長辦學之源泉

4.包卦：外面的卦包括內部的卦。

雷

風

乾

雷風恆卦看似外面坤
包住內部乾

5.似卦：六爻卦與三爻卦的卦象相似。

山

雷

頤卦卦象與離卦相似

頤卦

離卦

6.互卦：二、三、四爻組成新的內卦，三、四、
五爻組成新的外卦。

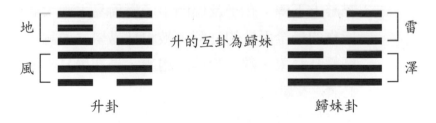

地

風

升的互卦為歸妹

雷

澤

升卦

歸妹卦

研讀易傳（十翼）的基本先備知識：

易傳是孔子及儒門弟子代代傳承，經過很長的一段時日而完成的，最主要的目的在補充闡釋易經古經，使易經從一部占筮之書變成偉大的哲學著述，成為群經之首，天人之學。內涵廣大精微，包羅萬象，綱紀群倫，教人天人合一，順天而行，厚德載物。現今流傳的周易，便把易經古經與易傳合而為一書。研讀易傳之先備知識如下：

1. 彖辭上下傳：先解釋六十四卦的卦名，然後再解釋其卦辭，可說是卦的總論，可以斷定全卦的大義。

2. 象辭上下傳：分大、小象傳，解釋一卦的卦象，每卦一則者稱大象傳；用來解釋六十四卦的三百八十四爻之爻象者稱小象傳。

3. 繫辭上下傳：孔子及儒門弟子對周易古經大義所作的最全面性的註解，被視為易學之通論，闡釋卦爻象、數、義理之精義，是初學易經者必讀之文獻。

4. 文言傳：旨在闡釋乾、坤二卦的卦辭、爻辭，讓讀者明白乾、坤二卦之意蘊，文言是乾、坤兩卦所獨有，也被稱為周易的門戶。

5. 說卦傳：說明八卦的形成與性質，對八卦取象與卦形符號構成原理作闡釋。

6.序卦傳：說明六十四卦先後排列次序，並闡述六十四卦相次相承、相對相因之理。

7.雜卦傳：對兩兩相錯或兩兩相綜的兩個卦，進行對比並解說之，使每一卦之要義更能彰顯。

第三節　易學之分宗分派

　　易學之傳承與研究，綿延了幾千年之久。周易一書在歷史上，不斷地有人加以註釋，闡發著述，形成研究易學的不同流派，是極其自然的發展狀態。清初王夫之在其〈周易大象解〉中，就將〈周易〉之學分為占筮之學與義理之學。

　　清朝官方的百科全書，〈四庫全書易類總敘〉言：「漢儒言象數，去古未遠也。一變而為京、焦，入于禨祥；再變而為陳、邵，務窮造化。易遂不切於民用。王弼盡黜象數，說以老、莊。一變而程子、胡瑗，始闡明儒理；再變而李光、楊萬里，又參證史事，易遂日啟其論端。此兩派六宗，已互相攻駁。」這是易學研究門派的官方正式分法之典故。兩派是指象數派、義理派。六宗是指象數派的筮占、禨祥、圖書與義理派的老莊玄學、理學（儒理）、史事。

　　〈四庫提要〉說：「易道廣大、無所不包。旁及天文、地理、樂律、兵法、韻學、算術，以逮方外之爐火，皆可援易以為說；而好異者又援以入易，故易說愈繁。」以現今研究領域而言，易道涵蓋人文科學、社會科學、自然科學等範疇。近人，南懷瑾認為兩派六宗之說，無法盡括數千年易學研究的相關內

容，他提出了兩派十宗說。兩派是指儒家易學派、道家易學派；十宗是指在官方文獻的六宗上，再加上醫藥、丹道、堪輿、星相等四宗。（註七）

屈萬里說：「即就周易之註述言之，歷代說易之書，其存於今者，幾近千種。大抵或尚象數，或務義理。尚象數者，又有漢學及圖書之分；尚義理者，亦有玄談與性理之異。」（註八）大體言之，易學之分派分宗，分兩派是可以定矣！分宗則有不同的主張，但仍以主張六宗說爲多數，相關的易學著述中，也以六宗說爲主。

第四節　筆者心中主要的易學家

　　易爲群經之首，也是中國學術之淵源所在。易經原本僅供帝王貴族用以敬事鬼神問難占卜決疑。經孔子將易經視爲經典，採用當教材，教導其門下弟子，從此，易經成爲儒生必讀之經典，廣爲流傳於平民之間。唐太宗時，孔穎達奉命編撰〈周易正義〉，頒行之後，成爲科舉考試必讀的教科書，對後世影響深遠。易經由貴族之學，普及成爲民間之學，研讀研究者衆，自古至今出了許多名家，無法一一列舉介紹，本文僅列舉作者心目中的十大易學家，如下：

（一）孔子（西元前551～西元前479）名丘，字仲尼，魯國鄹邑人。春秋末年的平民教育家、政治家、思想家、儒家學派的創始者。晚年喜〈易〉，對〈易〉學有深入的研究與見解，撰述〈象〉、〈象〉、〈文言〉、〈繫辭〉等十篇，人稱「易傳十翼」，是研讀易經古經必讀的輔助教材。易經被孔子視爲經典，採用成教材教導其門下弟子，從此，易經再也不是貴族之學了。

（二）鄭玄（西元127～西元200）字康成，北海高密人。早年入太學，後從馬融讀古文經，爲漢代

人生易學概論
一位校長辦學之源泉

經學的集大成者，世稱「鄭學」，其易學以費氏古文爲主，兼採今文經說，融會貫通。著有〈易論〉、〈易贊〉、〈周易主〉九卷等。他的爻辰說，最爲後人重視。

（三）虞翻（西元164～西元233）字仲翔，會稽餘姚人。精於易學，創立了「納甲」、「卦變」等，以八卦配合天干、五行、方位以推論象數，發揮了荀爽的剛柔升降說，將卦氣說導向卦變說，形成複雜的解易之法。

（四）王弼（西元226～西元249）字輔嗣，山陽人。三國魏玄學家，以老莊玄學解易的創始人。說易不同漢儒，摒棄漢儒災異說、讖緯說，恢復先秦儒家說易之本旨，以義理爲主，開後世玄學化之義理學派。他所著的〈周易注〉、〈周易略例〉，影響後世深遠。

（五）孔穎達（西元574～西元648）字衝遠，冀州衡水人。孔安之子，孔子三十二代孫，唐朝經學家。精通五經曆算，唐太宗時奉詔纂修〈五經正義〉，其中之〈周易正義〉以王弼之注爲本，融合南北經學家的見解，成爲士人應試必讀之經典。

（六）歐陽修（西元1007～西元1072）字永叔，號醉翁、六一居士，吉州廬陵人。北宋時期的政治

家、文學家、史學家，並為唐宋八大家之一。他的易學以評論人事為主，對於易學有重人事而輕天道的傾向。在易學上，他打破易傳的權威地位，對〈繫辭〉等傳的作者及寫就內容提出質疑，對南宋功利學派及清朝的易學都起了重要的影響。

（七）邵雍（西元1011～西元1077）字堯夫，自號安樂，諡康節，祖籍范陽，幼年隨父遷共城。隨共城令李之才習象數，創先天之學。他的易學一反王弼以來的義理派風格，在象數派的基礎上，揉合了道教的思想，並使易學成為理學的一部分，邵雍因此成為北宋理學的重要人物，與周敦頤、張載、程顥、程頤並稱「北宋五子」。

（八）程頤（西元1033～西元1107）北宋著名易學家，理學創立者之一，程顥之弟。從周敦頤受經學，獲胡瑗賞識。在洛陽講學三十年，世稱「洛學」，以義理解易，是宋代義理學大師。〈伊川易傳〉為其代表作。戴君仁教授認為研讀周易義理者，〈伊川易傳〉是入門的經典。

（九）朱熹（西元1130～西元1200）南宋著名易學家、教育家，世稱朱子，徽州婺源人。精於易學，集周敦頤、邵雍、張載等北宋以來易學之

人生易學概論
一位校長辦學之源泉

大成。其所著〈周易本義〉以二程義理爲宗，形成棄王弼本而用呂祖謙本，將邵雍先天圖列於卷首，不用互體、納甲等說，此書在明清時奉爲儒學正宗，影響後世極爲深遠。

（十）來知德（西元1525～西元1604）明代易學家，號瞿唐，梁山人。精於易學，主張理、氣、象、數四者的統一。說易專取錯綜其數之說以論易象，注解皆先釋象義、字義及錯綜之義，然後再訓解卦爻本義，自成一家，著有〈周易集注〉十六卷。

本小節之資料，多數參考自吳宏一教授所著〈周易新繹通論編〉的附錄，並自行增刪部分文字，特此說明及誌謝。

第三章

易經修身學（君子之學）

易經爲群經之首，大道之源，也是學術之淵源所在。孔子、老子談易，儒、道思想受到易經的影響與啟發。易經被孔子視爲經典，採用爲教材以教導其門下弟子，從此，易經成爲儒生必讀的古籍。孔子所傳的易傳十翼，闡揚易經古經的眞理，推天道以明人事，使易經成爲偉大的哲學論著而不致流爲占卜之書。易經古經及易傳中，「君子」這一語詞出現了九十六次；而在儒家思想代表作的論語中，「君子」一詞則出現了一百零七次。易經與論語二書，可說是「君子之學」，二書主要強調人須修身養性，使自己成爲道德高尚，人格健全的君子。（註一）

第一節　君子之人格

　　中國古聖先賢，自堯、舜、禹、湯、文、武、周公至孔、孟，都是以其高尚的道德爲後人所景仰；夏桀與殷紂，暴虐無道，遭百姓唾棄，湯武革命，弔民伐罪，順天應人推翻暴政。從歷史事蹟而言，中國人對歷史人物的崇敬，並不是因他征伐各邦，統一天下爲王；而是由於他爲民服務，推行仁政，具有實質的高尚道德。這種道德力量普遍影響著中華民族的每一個人，成爲中國傳統固有道德。

　　中國傳統道德，可由儒家學說彰顯體現，主要代表人物爲孔子、孟子、荀子。孔子講仁的次數非常多，而且每次說的都不同。子曰：「君子去仁，惡乎成名。君子無終食之間違仁，造次必於是，顛沛必於是。」（論語里仁）子曰：「夫仁者，己欲立而立人，己欲達而達人。」（論語雍也）當然，除了仁之外，孔子在論語中也提到其他德性，如：孝、悌、忠、信、義、禮……等，但他以「仁」包括一切的美德，以仁爲品德的最高點，他的修養目標爲「求仁」。仁人君子，無終食之間違仁，仁是君子應具有之品德。

　　亞聖孟子善養浩然正氣，主張養心寡欲，恢復

善性。孟子曰：「惻隱之心，仁之端也；羞惡之心，義之端也；辭讓之心，禮之端也；是非之心，智之端也。人之有是四端也，猶其有四體也；有是四端而自謂不能者，自賊者也。」（孟子公孫丑）孟子強調仁、義、禮、智四項道德，一個人重在實踐此四德，若做不到，就是自己賊害了自己。荀子曰：「禮者，法之大分，類之綱紀也。故學至乎禮而止矣。夫是之謂道德之極。」（勸學篇）又曰：「禮者，所以正身也；師者，所以正禮也。」（修身篇）荀子認爲學習爲人處事應以禮爲準繩。綜合三位儒家代表人物的道德學說，儒家所謂的君子應具有仁、義、禮、智此四項品德。

第二節　周易之修身術（君子之學）

　　周易、論語書中，「君子」這一語詞多次出現。此二書欲使人修身養性，成為道德高尚的君子。周易中所提君子修身之術如下：

1. 乾卦象傳：天行健，君子以自強不息。九三爻爻辭：君子終日乾乾，夕惕若，厲無咎。

2. 乾卦主張君子應效法天體運行的勁健，積極進取，努力不懈。整天振作不已，即使到夜間還須自我反省警惕，如此遇到險境才能不遭咎害。

3. 坤卦象傳：地勢坤，君子以厚德載物。短短數語，道出君子須像大地般寬厚和順，增進自身德性、容載萬物。

4. 蒙卦象傳：山下出泉，蒙；君子以果行育德。☶蒙卦山在上，水在下流出；象徵君子果決地堅持對的行為，涵養自身德行。

5. 小畜卦象傳：風行天上，小畜；君子以懿文德。☴小畜卦和風飄行天上，象徵君子修文風教道德。

6. 否卦象傳：天地不交，否；君子以儉德辟難，

不可榮以祿。☷☰否卦天地不相交合，象徵否閉；君子應勤儉修德避開災難，不可貪圖榮華富貴而謀取高官厚祿。

7. 大有卦象傳：火在天上，大有；君子以遏惡揚善，順天休命。☰☲大有卦火焰高懸在天上，象徵光明，無處不照。君子知曉遏止邪惡闡揚行善，遵循天意賦予美好之使命。

8. 謙卦卦辭：謙，亨，君子有終。謙卦象徵謙虛、亨通，君子能保持謙德至終。

9. 蠱卦象傳：山下有風，蠱；君子以振民育德。☶☴蠱卦山下吹起大風，象徵物壞待治；君子要提振人民生計，培育人民良好美德。

10. 大畜卦象傳：天在山中，大畜；君子以多識前言往行，以畜其德。☶☰大畜卦天被山包含，象徵大爲畜聚；君子要多多學習，瞭解前人的嘉言善行，以此畜聚自身的美德品性。

11. 頤卦象傳：山下有雷，頤；君子以慎言語，節飲食。☶☳頤卦上止下動，如口嚼食，象徵頤養；君子要謹慎地說話，節制飲食。

12. 大過卦象傳：澤滅木，大過；君子以獨立不懼，遯世無悶。☱☴大過卦大水淹沒樹林，象徵大爲過甚；君子應學習樹木遭水淹沒，孤立無依也不畏懼，卽使出世獨居也不會苦悶。

人生易學概論
一位校長辦學之源泉

13. 咸卦象傳：山上有澤，咸；君子以虛受人。☶ 咸卦山澤之氣相通，象徵交感；君子為人應謙虛，能接納他人的意見。

14. 恆卦象傳：雷風，恆；君子以立不易方。☳ 恆卦雷發風行，象徵恆久；君子當安身立命不改自身之正道。

15. 遯卦象傳：天下有山，遯；君子以遠小人，不惡而嚴。☶ 遯卦大天之下站立著高山，象徵退避；君子要遠離小人，不需惡聲厲色地對待小人，也可顯出威嚴的樣子。

16. 大壯卦象傳：雷在天上，大壯；君子以非禮弗履。☳ 大壯卦震雷響徹天上，象徵剛強威盛；君子不會去做不合禮儀節度的事。

17. 晉卦象傳：明出地上，晉；君子以自昭明德。☶ 晉卦光明顯現於大地，象徵晉長；君子要彰顯自己崇高光明的美德。

18. 家人卦象傳：風自火出，家人；君子以言有物而行有恆。☲ 家人卦風來自於火的燃燒，象徵一家人；君子的言論要有內容、有根據，行事要有毅力、恆心。

19. 蹇卦象傳：山上有水，蹇；君子以反身修德。☶ 蹇卦高山上有惡水，象徵艱難；君子遇艱難之時，應自省吾身，努力修養品德。

20. 損卦象傳：山下有澤，損；君子以懲忿窒欲。☶☱損卦山下有大澤，象徵減損；君子應遏止忿怒，抑制貪慾。

21. 益卦象傳：風雷，益；君子以見善則遷，有過則改。☴☳益卦風雷交互作用，象徵增益；君子見到善的行為就要效法，做錯了事就要改正。

22. 升卦象傳：地中生木，升；君子以順德，積小以高大。☷☴升卦地中長出樹木，象徵上升；君子要順行美德，累積小善以成就宏大的事功。

23. 震卦象傳：洊雷，震；君子以恐懼修省。☳☳震卦上下皆震，雷震威盛，象徵雷動；君子懂得戒慎恐懼，修養心性，自我反省。

24. 漸卦象傳：山上有木，漸；君子以居賢德善俗。☴☶漸卦山上的樹木逐漸高大，象徵漸進；君子逐漸積累良善品德而改善風俗。

25. 兌卦象傳：麗澤，兌；君子以朋友講習。☱☱兌卦兩澤並連交相浸潤，象徵欣悅；君子樂與朋友相聚講授研習，以增廣見聞。

26. 小過卦象傳：山上有雷，小過；君子以行過乎恭，喪過乎哀，用過乎儉。☳☶小過卦山頂上響著巨雷聲，聲量過於往常，象徵小有過越；君子的行為宜再恭敬些，遇到喪事宜再哀傷些，日常生活宜再節儉些，這樣是小有過越，但是有其好處。

人生易學概論
一位校長辦學之源泉

第四章

易經齊家學

古時醫藥不發達，人們壽命普遍不長，又因爲是農業社會，需要很多人力投入務農工作。因此，男女早婚組成家庭，生兒育女，多子多孫被認爲是一個家庭的福氣。古語云：「不孝有三，無後爲大。」這個三，在古時候是代表多的意思。整句話是在表達不孝的行爲很多，但是不娶及無生育子女是更不孝的行爲。可見古時多麼重視男婚女嫁，家庭傳宗接代之人生大事。周易中也呈現家庭組織的形象，如：乾代表父，坤代表母，震代表長男，坎代表中男，艮代表少男；而巽代表長女，離代表中女，兌代表少女。依易經的理論而言，一個理想的家庭，除父母外，要有三個兒子及三個女兒。有人說：這是易經的六子卦理論。

第一節 古時之家庭

　　古代中國為農業社會，農民非常重視婚姻、家庭與子嗣，所以古語云：「男女居室，人之大倫也」，又云：「不孝有三，無後為大。」家庭是農業社會非常重要的組織單位。（註一）家庭由男女的婚媾而形成，扮演著生兒育女，傳宗接代，延續家族命脈的功能。它除了滿足男女的生理欲求外，兼具教養子女、維持家庭生計、傳承家族文化、提供社會所需之人力等，多重的重要功能。

　　農業社會的家庭組織主要以大家庭制度為主，三代同堂最為常見，甚至有五代同堂的家庭。在這種制度下，家庭裏有許多禮教規定，如：男主外，女主內；重男輕女、上尊下卑、長幼有序、崇拜祖先、孝順父母等。婦女在傳統農業社會中要做到三從（從夫、從父、夫死從子）四德（婦言、婦容、婦德、婦功），相夫教子；丈夫要立身行道，揚名後世，以顯父母，追求三不朽（立言、立德、立功）。家庭制度在中國至少有四千多年的歷史，家庭禮教倫常觀念是中國歷史文化的一個成分。它最早見於「堯典」與契作的「五倫之教」。五倫中的父子、夫婦、兄弟，正是家庭中的核心人倫，父子夫婦兄弟之間的核心之

愛，成爲人倫教化的核心力量。

　　家庭人倫教化之要點，左傳所提五點：父誼、母慈、兄友、弟恭、子孝。大學則爲：爲人子止於孝，爲人父止於慈。人倫教化在古時是藉由家教來實行，實施之法有母教、庭訓、家法等，這是古時農業社會家庭教育的基礎。

　　古語曰：「夫孝，德之本也，教之所由生也。」古時中國人的家庭生活，就是孝的生活。以「孝」爲百善之本，以「孝」爲出發點，推行一切人倫之美德。

　　孝的涵義很廣，依孝經一書所論，孝爲德之本。孝之所由生，始於事親，中於事君，終於立身，爲順天下和萬民之至道。孝之源實本於仁，爲人類道德理想的最高原則。（註二）古時中國人家庭倫常之教化，與儒家孔子提倡仁德之教化是相通的，儒家思想影響著每個古中國家庭的家教。胡適先生於哲學大綱指出，孔子之禮的哲學基礎爲易經，易經爲儒門思想之源頭。

　　易經序卦傳：有天地然後有萬物，有萬物然後有男女，有男女然後有夫婦，有夫婦然後有父子，有父子然後有君臣，有君臣然後有上下，有上下然後禮義有所錯。夫婦之道，不可以不久也，故受之以恆。易經明白顯示，各種倫常之道與上下尊卑之禮義肇端於

夫婦組成之家庭。這就是所謂的「一陰一陽之謂道」
的易經齊家學。

第二節　易經齊家術

　　唯心宗宗主，也是易經大學創辦人的混元禪師說：「易經就是生活，學習易經不但可以保護自己，不傷害他人，進一步可以幫助他人。大家學習易經，事業會順利。大家學習易經，夫妻會圓滿。大家學習易經，家庭必定會祥和。」

　　易法自然，強調天、地、人之和諧，秉中道而行，追求圓融，在齊家方面，周易提供原汁原味之術如下：

1. 蒙卦九二爻爻辭：包蒙，吉。納婦，吉。子克家。六三爻爻辭：勿用取女，見金夫，不有躬，無攸利。此二爻之意為：包容蒙昧無知的幼童是吉祥的，接納兒媳婦是吉祥的，而且兒子還能繼承家業。不宜娶眼中只見到錢，無法守住貞潔的女人，娶到這種女子，沒有任何好處。

2. 小畜卦九三爻：輿說輻，夫妻反目。象曰：夫妻反目，不能正室也。其旨意在告知我們：夫妻失和，是因為不能規範妻子且端正家風。

3. 蠱卦九二爻：幹母之蠱，不可貞。象曰：幹母之蠱，得中道也。其旨意為：匡正母親留下的

人生易學概論
一位校長辦學之源泉

弊亂，須在適當的時機，以中庸合宜的方法來處理。

4. 大過卦九二爻：枯楊生稊，老夫得其女妻，無不利。其意為：枯槁的楊樹長出嫩芽，重現生機，年老的男子娶年少的女子，得以傳宗接代，不會有什麼不利的地方。

5. 咸卦卦辭：咸、亨，利貞。取女吉。咸卦象徵：亨通，適宜固守正道。求娶女子為妻可獲吉祥。

6. 恆卦六五爻：恆其德，貞。婦人吉，夫子凶。象曰：婦人貞吉，從一而終也。夫子制義，從婦凶也。其意為：婦人堅持保守節操美德，會獲得吉祥，終身不事二夫，不再改嫁。丈夫應果敢地決斷事宜，若一味順從妻子會有凶禍。

7. 家人卦卦辭：家人，利女貞。彖曰：家人，女正位乎內，男正位乎外。男女正，天地之大義也。家人有嚴君焉，父母之謂也。父父，子子，兄兄，弟弟，夫夫，婦婦，而家道正。正家，而天下定矣。家人卦象徵一家人，女子要固守正道。彖傳說：一家人，女子在家內居正當之位，男子在家外居正當之位。男女扮演正當得體的角色，這是合乎天地陰陽的大道理。一家人有嚴正的君長，那就是我們的父母。

父、子、兄、弟、夫、婦都盡到他們該盡的責
任與義務，這樣家道就端正了。端正健全了家
道，天下就可安定和平了。家人卦九三爻爻辭
與象傳也在提醒我們：要規範管理家人，才不
會違犯良好家風，招致憾惜。婦人小孩嘻笑
喧鬧沒規矩，容易出事情，也違反家規敗壞門
風。

8. 姤卦卦辭：姤，女壯，勿用取女。姤卦象徵相
   遇，遭遇；女子過於強盛或強勢，不宜娶此女
   爲妻。

9. 歸妹卦象曰：歸妹，天地之大義也。天地不
   交，而萬物不興。歸妹，人之終始也。說以
   動，所歸妹也。少女出嫁是天經地義繁衍後代
   的大事。天地陰陽二氣互不交流，一切物類就
   不會興盛。少女出嫁懷孕生子，是人類的開始
   與結束的循環象徵。下卦兌澤喜悅，上卦雷震
   採取行動論及婚嫁，所以稱爲歸妹卦。

第五章

易經治國學

儒家創始者與主要代表人物的孔子，於魯定公九年始出仕，擔任魯中都宰。五十二歲時，由中都宰改任爲司空，後又爲大司寇；並曾爲定公之相，和齊侯會於夾谷。孔子任大司寇時魯國大治，引起齊侯恐慌，於是送女樂給魯侯，攪亂魯國內政，於是孔子棄官而去。

　　孔子在道德與學問上，卓有成就，當時不少諸侯問政於孔子，孔子本人也任官，實行其治國之道，造福國家百姓，孔子的政道觀，很符合其弟子子夏所說：「仕而優則學，學而優則仕。」

　　儒家是入世的，其思想深深地影響中國傳統社會。在治國方面，孔子認爲要實行王道，做君王的必須道德高尚，足爲人民典範，推行仁政，實施德治，如此便能近者悅，遠者來。所以，孔子說：「爲政以德，譬如北辰，居其所而衆星拱之。」

人生易學概論
一位校長辦學之源泉

第一節　治國之學

　　古時的士階級（讀書生），受到儒家學而優則仕思想的影響，效法孔子的王道觀，以出仕任官為目標，完成光宗耀祖，顯揚父母的大孝。孔子生於東周春秋時期，群雄並起，侯國林立，士者遊說於各侯國之間，取得君王之信任，即有任官之機會。科舉制度實行之後，士者紛紛經由科考取得功名後再任官，從事政事，實行其治國之道。

　　孔子有從政之經歷，他的治國之道，在論語一書中都有提及，如：「道千乘之國，敬事而信，節用而愛人，使民以時。」（學而篇）；「道之以政，齊之以刑，民免而無恥。道之以德，齊之以禮，有恥且格。」（為政篇）；「政者，正也。子帥以正，孰敢不正？」（顏淵篇）；「子為政，焉用殺？子欲善而民善矣。君子之德，風。小人之德，草。草上之風，必偃。」（顏淵篇）；「苟正其身矣，於從政乎何有？不能正其身，如正人何？」（子路篇）；「無欲速，無見小利。欲速則不達，見小利則大事不成。」（子路篇）司馬遷曾曰：「天下君王至於賢人眾矣，當時則榮，沒則已焉。孔子布衣，傳十餘世，學者宗之。自天子王侯，中國言六藝者折中於夫子，可謂至

聖矣！」（註一）對孔子眞是讚譽有加。

　　總結論語一書的治國之道，子曰：「尊五美，
屏四惡，斯可以從政矣。」五美指：美事一「惠而不
費」，即民之所利而利之；美事二是「勞而不怨」，
即該勞動人民時才勞動，人民才不會怨恨；美事三
「欲而不貪」，即所欲的出自愛護人民，而不爲了私
欲；美事四「泰而不驕」，即不分大小貴賤，一律給
予尊重；美事五「威而不猛」，即注意自身的儀表，
使人見了心生敬意而不害怕。四惡指：惡一「不教而
殺」；惡二：不預先警告而只要求好結果；惡三：自
己怠惰而責罰做事不力的人；惡四：不把別人當做和
自己一樣的人，處理財務不當而諉過於負責工作的
人。（註二）

第二節　易經治國術

　　孔子喜易，讀易韋編三絕。周遊列國十餘年之後，從事平民教育，有弟子三千人，精通六藝之賢才七十二人。孔子以易經為教材，教授其門下弟子。晚年，孔子與儒門弟子作十翼，用以輔助解說易經古文內容，易經可說是儒家思想源頭，儒家思想的代表作─論語裏，也有易經思想元素在內。宋朝文臣趙普說：「半部論語可以治天下。」那麼易經的治國之術有哪些？我們將其整理列出如下：

1. 屯卦象傳：雲雷，屯；君子以經綸。☳屯卦烏雲雷聲交動，象徵初生。在開創局勢之初，君子竭盡心力，籌謀策劃，治理國事。
2. 訟卦象傳：天與水違行，訟；君子以作事謀始。☰訟卦天的轉向與水流方向背道而行，象徵爭訟。君子做事之前，要深謀遠慮，才能避開不必要的爭訟。
3. 師卦象傳：地中有水，師；君子以容民畜眾。☷師卦地中藏有豐富水源，象徵兵眾。君子要有大肚量，能廣納百姓，養育眾人。上六爻爻辭：大君有命，開國承家，小人勿用。在告知

身為天子者，開創國運繼承家天下之大業，不可重用小人，若用小人將危及邦國。

4. 履卦象傳：上天下澤，履；君子以辯上下，定民志。䷉履卦天在上，澤在下，尊卑有別，象徵循禮。君子能分辨上下尊卑，遵循禮法治國，安定民心。

5. 臨卦象傳：澤上有地，臨；君子以教思無窮，容保民無疆。䷒臨卦水澤區的上面有高地，象徵監臨、統治。君王要不間斷地教化百姓，並要能無止境地包容與保護人民。

6. 賁卦象傳：山下有火，賁：君子以明庶政，無敢折獄。䷕賁卦山下燃燒著大火，象徵文飾。君王光明磊落處理各項政務，不敢文飾刑罰案件斷然入獄。

7. 坎卦象傳：水洊至，習坎；君子以常德行，習教事。䷜坎卦上下皆坎，重重險阻，喻示小心謹慎。君王要不斷修養德行，實行德治，通曉政教之事。

8. 明夷卦象傳：明入地中，明夷；君子以蒞眾，用晦而明。䷣明夷卦光明被大地掩蓋，喻示政治昏暗，光明殞傷。面對此景，君王治理群眾之事，必要時要隱晦自己的聰明才智，以眾人能瞭解的方法處理政事，才會彰顯成效。

9. 解卦象傳：雷雨作，解；君子以赦過宥罪。䷧
   解卦奮動解脫避免落入坎陷，喻示雖身處險
   境，仍能奮力脫險獲得吉祥。君王身邊有犯過
   失的人臣，君王寬宏大量，赦免有過失的人，
   寬恕犯罪的人。

10. 艮卦象傳：兼山，艮；君子以思不出其位。䷳
    艮卦兩座山重疊靜止不動，象徵抑止。君子要
    瞭解自我心裡所思考的，不應超越自己的身
    分，不在其位不謀其政。

11. 豐卦象傳：雷電皆至，豐；君子以折獄致刑。
    ䷶豐卦雷電一起到來，象徵威明之德碩大。喻
    示君王要正大光明的審判案件，執行刑罰不要
    造成冤獄。

12. 旅卦象傳：山上有火，旅；君子以明慎用刑而
    不留獄。䷷旅卦山上燃燒著大火，火勢不止，
    喻示審慎光明。君王要明察秋毫，審慎使用刑
    罰，判決後馬上執行，不滯留案件。

13. 巽卦象傳：隨風，巽；君子以申命行事。䷸巽
    卦上風下風，風風相隨相連，象徵順從。喻示
    君王應反覆下達命令，讓眾人知曉命令，才能
    順利推行政事。

14. 中孚卦象傳：澤上有風，中孚；君子以議獄緩
    死。䷼中孚卦水澤上吹拂著和風，象徵中心誠

信。君王對死刑應暫緩執行，仔細審視每個案件，避免冤獄或冤死的情形發生。

人生易學概論
一位校長辦學之源泉

第六章

易經天下學（平天下）

孔子不僅是教育家，致力於平民教育，開啟後世書院制度及自由講學之先河，同時，他更是一位政治家。在魯國任大司寇時，爲政以德，倡行禮治，內政清平，外交有成，引起齊國的恐慌，齊侯遂送女樂至魯，季桓子受女樂，廢道不朝，孔子乃辭官離魯。之後，孔子周遊列國，凡十四年，各國君王諸侯問政於孔子，孔子不斷地宣揚德治主義與禮治主義。孔子曰：「爲政以德，譬如北辰，居其所而衆星共之。」（爲政篇）又云：「道之以政，齊之以刑，民免而無恥；道之以德，齊之以禮，有恥且格。」（爲政篇）

　　孔子從政，如子路篇第九章所載，要使國家人口衆多，人民過著富足的生活，然後再施予教化；其次，要如子貢問政於孔子，孔子答曰：「足食，足兵，民信之矣。」般地讓人民對政府有信心。孔子的政治理想是做到：老者安之，朋友信之，少者懷之。這種理想同於禮記禮運篇所謂的「不獨親其親，子其子，老有所終，壯有所用，幼有所長，矜寡孤獨廢疾者皆有所養，男有分，女有歸」之大同社會也（註一）亦卽是達到天下太平之理想國度。

第一節　天下之學（平天下）

　　儒家對於「士」階級的人，有特別的期望。除了像一般人一樣的修身、齊家之外，「士」階級的人一旦有出仕的機會，還要能夠治國，甚至平天下。（註二）

　　格物、致知、誠意、正心、修身、齊家、治國、平天下，就是儒家有名的「內聖外王」八目。儒家的修行，由根本的格物、致知起始，從個人層面循序漸進至家庭、國家和平天下，最後完成了君子內聖外王的人生最終目標。

　　孟子離婁篇說：「堯舜之道，不以仁政，不能平治天下。今有仁心仁聞，而王不被其澤，不可法於後世者，不行先王之道也。故曰：徒善不足以為政，徒法不足以自行。」一個人君僅憑仁心仁聞，而不力行「先王之道」，是無法平治天下的。禮記學記篇說：「君子如欲化民成俗，其必由學乎！玉不琢，不成器；人不學，不知道；故古之王者，建國君民，教學為先。」所以治國平天下，除了要有善心、仁心之外，還須勤學先王之道，教化人民，成就善良風俗，天下才能平治。（註三）先王之道即為儒家內聖外王八條目。

第二節 易經平天下之術

宋朝朱熹爲中庸和大學作了章句，與論語集註、孟子集註，合稱「四書」，爲儒學思想之總匯，儒家內聖外王修道之樞要。素有小易經之稱的中庸，在內聖外王八條目之外，另訂立治國平天下的準則—九經。九經見於中庸第二十章：「凡爲天下國家有九經，曰：修身也，尊賢也，親親也，敬大臣也，體群臣也，子庶民也，來百工也，柔遠人也，懷諸侯也。」那麼眞正的易經古經有哪些平天下的準則呢？筆者將其原旨臚列於下：

1. 同人卦象傳：文明以健，中正而應，君子正也。惟君子爲能通天下之志。☰同人卦上面是乾卦，表陽剛健行而能涉險；下面是離卦，表示文采光明。六二及九五爻居中位守正道且相應和，喻示君子行事中庸且守正道，便具有號召力，能會通統一人民的意志，使衆人同心。

2. 井卦象傳：木上有水，井；君子以勞民勸相。☵井卦樹木上頭有水滲出，猶如從井底把水給汲上，象徵水井；喻示君子要效法「井養」之德，應慰勞、體恤百姓並鼓勵人民互相資助。

3. 革卦象傳：澤中有火，革；君子以治曆明時。

人生易學概論
一位校長辦學之源泉

☲☱革卦水澤中有烈火，象徵變革；喻示君王要制定曆法，辨明四季的更替，讓政治清明。

4. 夬卦象傳：澤上于天，夬；君子以施祿及下，居德則忌。☱☰夬卦天空上瀰漫澤水水氣，如降雨一般，象徵決斷；喻示君子應果決施降恩澤於百姓，但要忌諱自居功德。

5. 萃卦象傳：澤上於地，萃；君子以除戎器，戒不虞。☱☷萃卦大地上水澤歸匯，象徵會聚；喻示君子平日就要修繕兵器，以防備料想不到的變亂事故。

6. 鼎卦象傳：木上有火，鼎；君子以正位凝命。☲☴鼎卦木頭上燃燒著火焰，象徵鼎器正在烹煮；喻示君子要效法鼎象，應端正居位，聚集力量完成使命。

7. 漸卦象傳：山上有木，漸；君子以居賢德善俗。☴☶漸卦山上樹木逐漸長高，象徵漸進；喻示君子應積累賢德，並漸進地改善社會風俗。

8. 節卦象傳：澤上有水，節；君子以制數度，議德行。☵☱節卦大澤上有水患，須築堤防範，象徵節制；喻示君子應制定禮數和法度，才能評議人的道德和行為。

9. 既濟卦象傳：水在火上，既濟；君子以思患而豫防之。☵☲既濟卦水在火上，正可煮食，象徵

事成；喻示君子平時處於安定之中，仍應不忘災禍隨時可能發生，要做好事先防患的準備，能夠居安思危。

10. 師卦象傳：師，眾也。貞，正也。能以眾正，可以王矣。☷師卦表示部屬眾多之意；固守正道行為端正的人，他又能規範眾人守正不移，他就足以成為君王。

11. 比卦象傳：地上有水，比；先王以建萬國，親諸侯。☷比卦地上滿佈水，水與地相親無間，象徵親蜜比輔；喻示先帝聖王興邦建國，和睦親善各諸侯，共同治理天下。

12. 謙卦九三爻爻辭：勞謙，君子有終，吉。象曰：勞謙君子，萬民服也。該爻旨在喻示：勤勞謙虛的君子，自始至終保有謙德，可為自己帶來吉祥。勞苦功高又能謙虛的君子，天下百姓都會服從他。

13. 臨卦六五爻爻辭：知臨，大君之宜，吉。象曰：大君之宜，行中之謂也。該爻旨在喻示：聰明睿智的管理，是君王治國的合宜方法，並可帶來吉祥。君王治國最適宜之道，就是所謂的施行中正之道。

14. 家人卦九五爻爻辭：王假有家，勿恤，吉。象曰：王假有家，交相愛也。該爻旨在喻示：君

王蒞臨百姓家中，了解百姓生活，不讓人民憂慮，這樣可為君王帶來吉祥。君王與百姓互相交流建立情感，便能取得人民的信任。

15. 益卦象傳：益，損上益下，民說無疆。自上下下，其道大光。☷益卦象徵增益，讓上位者受到減損，使在下位者得到助益，人民因此心中喜悅無窮，上位者主動施惠幫助下位者，這樣的道德光耀而廣大。

16. 觀卦象傳：風行地上，觀；先王以省方觀民設教。☴觀卦和風吹拂於地上，萬物沐浴於和風中，象徵觀仰；古代君王效法和風吹拂大地一般巡視各方，體察民情教化百姓。

17. 姤卦象傳：天下有風，姤；后以施命誥四方。☴姤卦天下吹拂著和風，萬物沐浴其中，象徵相遇；君王發布政令要能像風一樣遍及天下，以教化百姓。

18. 革卦象傳：己日乃孚，革而言之。文明以說，大亨以正，革而當，其悔乃亡。旨在喻示：在適當的時機做改革，才能使百姓信服，因改革成功而取得信任，文采光明進而喜悅，行事正道才能大為通達，改革得當，憂慮自然消失。

19. 艮卦象傳：艮，止也。時止則止，時行則行。動靜不失其時，其道光明。旨在喻示：該停止

的時候停止，該行動的時候行動，行動與停止不會錯過適當時機，艮卦的道理就是這麼清楚明白。

周易繫辭傳下篇云：「易之為書也，廣大悉備，有天道焉，有人道焉，有地道焉。」孔子又曰：「夫易何為者也。夫易開物成務，冒天下之道，如斯而已者也。」易經是一本什麼樣的書呢？孔子認為易經概括天下事物之理，啟發天下之人如何預測未來之吉凶，幫助天下之人成就他想成就的事業，協助他們決斷在行動上的疑慮。易道廣大，無所不包，有天的道理，人的道理，地的道理、下至修身、齊家之道，上至治國，平天下之方，皆源自易經。

筆者從易經經文中，將修身、齊家、治國、平天下相關之卦辭、爻辭、彖傳、象傳一一舉出，而不以單一卦的卦爻辭舉例做深入的說明，目的是要使讀者瞭解易經無不包括，無不詳備，見樹又見林，可以提供讀者多元管道，多方啟發，然後再從中擇取最適之法，做到通權達變之境，以趨吉避凶。如此，才是研讀易經，應用易經的目的。

人生易學概論
一位校長辦學之源泉

第七章

易經卜筮學

秦朝焚書坑儒時，醫藥、植樹、占卜之書籍不燒，易經為卜筮之書，才得以倖免於難。這件史實於《漢書・藝文志・六藝略》：「及秦燔書，而易為筮卜之事，傳者不絕。」與《漢書・儒林傳》：「及秦禁學，易為筮卜之書，獨不禁，故傳受者不絕也。」皆被明確地記載下來，流傳至今。

　　依據《尚書・周書・洪範》的記載，古代有專門的官吏，來執掌不同的占卜方式，卜筮有專門的制度，來執行特定的儀式，並用專門的工具進行卜筮活動。卜筮之後，還有卜師、筮師、卿士、問事者共同參與卜筮結果的討論。

　　古代，朝廷遇有戰爭、遷都、天災、立君、祭祀、喪事等國之大事，君王會命卜官進行卜筮，做為進行決策的重要參酌依據。易學家李鏡池先生便認為周易是貴族的，周易的筮辭是歷代卜官集許多材料，編成一書，供後世占筮者之參考。（註一）

第一節　卜筮的先備知識

　　由周易占卜之書，在後世衍生出許多不同的卜筮方法。目前在民間流傳的方法有：摘樹葉取卦、用白米起卦、翻書頁碼起卦、搖竹籤筒起卦、以金錢起卦、默想報數起卦、姓名起卦、以尺寸起卦、取時間起卦、以水晶起卦等，（註二）可謂方法眾多，窮畢生之精力，也不易精通各法之密技。方法雖多，但每一種占卜方式，自有它的流程、規則、結果解釋技巧等。各法之間有差異，但有更多相同必須的先備知識，俾利吾人能夠觸類旁通地學習其他占卜技藝。茲將必須的先備知識介紹如下：

（一）先天八卦：1乾；2兌；3離；4震；5巽；6坎；7艮；8坤。

（二）後天八卦：1離；2巽；3震；4艮；5坤；6兌；7乾；8坎。

（三）先天八卦代表的屬性表：

八卦	乾	兌	離	震	巽	坎	艮	坤
象	☰	☱	☲	☳	☴	☵	☶	☷
卦名	乾為天	兌為澤	離為火	震為雷	巽為風	坎為水	艮為山	坤為地
記法	乾三連	兌上缺	離中虛	震仰盂	巽下斷	坎中滿	艮覆碗	坤六斷
五行	金	金	火	木	木	水	土	土
先天方位	南方	東南方	東方	東北方	西南方	西方	西北方	北方
六親	老父	少女	中女	長男	長女	中男	少男	老母
先天數	1	2	3	4	5	6	7	8
部位	首	口	目	足	股	耳	手	腹

（四）十天干：甲、乙、丙、丁、戊、己、庚、辛、
　　　　壬、癸。

人生易學概論
一位校長辦學之源泉

（五）十二地支屬性表

地支	子	丑	寅	卯	辰	巳	午	未	申	酉	戌	亥
陰陽	陽	陰	陽	陰	陽	陰	陽	陰	陽	陰	陽	陰
月份	11	12	1	2	3	4	5	6	7	8	9	10
時間	23↓01	01↓03	03↓05	05↓07	07↓09	09↓11	11↓13	13↓15	15↓17	17↓19	19↓21	21↓23
五行	水	土	木	木	土	火	火	土	金	金	土	水
方位	北	北東	東北	東	東南	南東	南	南西	西南	西	西北	北西
季節	冬	冬	春	春	春	夏	夏	夏	秋	秋	秋	冬
生肖	鼠	牛	虎	兔	龍	蛇	馬	羊	猴	雞	狗	豬

（六）五行：金、水、木、火、土。

（七）五行生剋；金生水；水生木；木生火；火生土；土生金。金剋木；木剋土；土剋水；水剋火；火剋金。

（八）六沖：子午沖；丑未沖；寅申沖；卯酉沖；辰

戌沖；巳亥沖。

（九）六合：子丑合；寅亥合；卯戌合；辰酉合；巳
　　　申合；午未合。

（十）三合局：申子辰合水局；巳酉丑合金局；寅午
　　　戌合火局；亥卯未合木局。

（十一）十二長生：長生→沐浴→冠帶→臨官→帝旺
　　　　→衰→病→死→墓→絕→胎→養→又回到長
　　　　生。

（十二）化進神：寅→卯；巳→午；申→酉；亥→
　　　　子；丑→辰；辰→未；未→戌；戌→丑（動
　　　　爻順向化成下一個五行相同的地支）。

（十三）化退神：卯→寅；午→巳；酉→申；子→
　　　　亥；丑→戌；戌→未；未→辰；辰→丑（動
　　　　爻逆向化成上一個五行相同的地支）。

（十四）六親：1我；2生我者父母；3與我比和者兄
　　　　弟；4我生者子孫；5我剋者妻財；6剋我者
　　　　官鬼。

（十五）六獸之起法：

日辰／爻	甲乙日	丙丁日	戊日	己日	庚辛日	壬癸日
上爻	玄武	青龍	朱雀	勾陳	呈蛇	白虎
五爻	白虎	玄武	青龍	朱雀	勾陳	呈蛇

四爻	呈蛇	白虎	玄武	青龍	朱雀	勾陳
三爻	勾陳	呈蛇	白虎	玄武	青龍	朱雀
二爻	朱雀	勾陳	呈蛇	白虎	玄武	青龍
初爻	青龍	朱雀	勾陳	呈蛇	白虎	玄武

（註三）

（十六）六十甲子旬空速查表：

甲子旬首	甲戌旬首	甲申旬首	甲午旬首	甲辰旬首	甲寅旬首
乙丑	乙亥	乙酉	乙未	乙巳	乙卯
丙寅	丙子	丙戌	丙申	丙午	丙辰
丁卯	丁丑	丁亥	丁酉	丁未	丁巳
戊辰	戊寅	戊子	戊戌	戊申	戊午
己巳	己卯	己丑	己亥	己酉	己未
庚午	庚辰	庚寅	庚子	庚戌	庚申
辛未	辛巳	辛卯	辛丑	辛亥	辛酉
壬申	壬午	壬辰	壬寅	壬子	壬戌
癸酉	癸未	癸巳	癸卯	癸丑	癸亥
戌亥旬空	申酉旬空	午未旬空	辰巳旬空	寅卯旬空	子丑旬空

第二節　卜筮的進階知識

　　占卦方式多種，本文以金錢卦爲例作說明。準
備好三個大小相同的銅錢或古幣，放入雙手合攏的空
間內，均勻用力前後甩動五、六次後擲出，共擲六次
後，便可畫得一個六爻卦。這六爻卦的解卦，除了詳
看該卦的卦辭、爻辭之外，還須經納甲裝卦，仔細
探究各爻之動靜、世應、與月建及日辰生合相剋、旬
空、入墓、飛伏、反吟、化進、化退等諸多狀況。因
此，只憑一些先備知識仍不足以解卦，須熟知重要的
進階知識，方能詳解六爻卦。茲表列或簡要說明如下
頁：

人生易學概論
一位校長辦學之源泉

（一）京房八宮卦表：

八宮	乾宮屬金	震宮屬木	坎宮屬水	艮宮屬土
八純卦	乾爲天	震爲雷	坎爲水	艮爲山
一世卦	天風姤	雷地豫	水澤節	山火賁
二世卦	天山遯	雷水解	水雷屯	山天大畜
三世卦	天地否	雷風恆	水火既濟	山澤損
四世卦	風地觀	地風升	澤火革	火澤睽
五世卦	山地剝	水風井	雷火豐	天澤履
遊魂卦	火地晉	澤風大過	地火明夷	風澤中孚
歸魂卦	火天大有	澤雷隨	地水師	風山漸

八宮	坤宮屬土	兌宮屬金	離宮屬火	巽宮屬木
八純卦	坤爲地	兌爲澤	離爲火	巽爲風
一世卦	地雷復	澤水困	火山旅	風天小畜
二世卦	地澤臨	澤地萃	火風鼎	風火家人
三世卦	地天泰	澤山咸	火水未濟	風雷益
四世卦	雷天大壯	水山蹇	山水蒙	天雷無妄
五世卦	澤天夬	地山謙	風水渙	火雷噬嗑
遊魂卦	水天需	雷山小過	天水訟	山雷頤
歸魂卦	水地比	雷澤歸妹	天火同人	山風蠱

人生易學概論
一位校長辦學之源泉

(二) 納甲裝卦表：

八卦	乾金	兌金	離火	震木	巽木	坎水	艮土	坤土
上卦	壬 戌 申 午	丁 未 酉 亥	己 巳 未 酉	庚 戌 申 午	辛 卯 巳 未	戊 子 戌 申	丙 寅 子 戌	癸 酉 亥 丑
下卦	申 辰 寅 子	丁 丑 卯 巳	己 亥 丑 卯	庚 辰 寅 子	辛 酉 亥 丑	戊 午 辰 寅	丙 申 午 辰	乙 卯 巳 未

(註四)

（三）世爻：代表我方、我村、我公司、我社會、我國。

（四）應爻：指他方、他村、他公司、他國。

（五）用神、元神、忌神、仇神生剋圖：

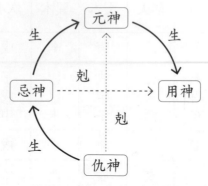

用神元神忌神仇神生剋圖

註：──→代表生；──→代表剋。

　　用神是主角，以它來定位。占父母，以父母爻爲
用神；占兄弟，以兄弟爻爲用神；其餘依此理類推。
占自己，則以世爻爲用神。

人生易學概論
一位校長辦學之源泉

（六）取用神表：

用神	占問事項	用神	占問事項
父母爻	1.祖父母、父母、師長、家主、叔伯、姑姨。 2.與父母同輩或與父母年若之親友。 3.城牆、舟車、宅舍、衣服、雨具、紬布、氊貨。 4.求雨、章奏、文書、館室。 5.手機、電報、訴狀。	妻財爻	1.嫂、弟婦、妻妾。 2.友人之妻妾、嫂、僕。 3.物價、錢財、珠寶、金銀。 4.倉庫、財糧、什物、器皿。 5.問天時、晴明。 6.物品之真偽。 7.問生意能否賺錢？ 8.高貴之六畜、禽鳥、貨物。
官鬼爻	1.功名、公家機關、公職考試。 2.鬼神。 3.天氣：雷電、逆風。 4.丈夫：健康、運途…等。 5.夫之兄弟、同輩者。 6.夫之相與朋友。 7.邪祟、盜賊、亂臣。 8.病症、尸首、憂疑。	子孫爻	1.兒女、孫、姪、女婿、門生。 2.忠臣、良將、道僧、晚輩。 3.藥材、藥效、醫病。 4.六畜、禽鳥、所有動物。 5.問天時、日月、星斗、順風。 6.解憂、避禍。 7.問學道可成否？問法門是否正道？ 8.技術。 9.珍禽異獸。

| 兄弟爻 | 1.兄弟姊妹。
2.姐妹夫。
3.世兄弟。
4.結盟同儕。
5.知交朋友。 | 以世爻為用神 | 1.占自己疾病、我方、我村、我公司……等。
2.問自己的壽數。
3.占自己（己方）出行吉凶。
4.凡諸損益自身者。 |

（七）月建、月破：占卦時的月支稱月建；爻被月令所沖稱月破。

（八）日辰、日破：占卦之日為日辰；休囚的爻被日辰沖稱日破。

（九）暗動：一卦中的靜爻，旺相於月建，但受日辰沖之，使其爻動。

（十）反吟、伏吟：反吟指反覆多變、起起伏伏；伏吟指無病呻吟，不進不退，多主不吉。

（十一）五行生旺墓絕表：

水土	火	木	金	五行 ╲ 十二長生
申	寅	亥	巳	長生
子	午	卯	酉	旺
辰	戌	未	丑	墓
巳	亥	申	寅	絕

（註五）

人生易學概論
一位校長辦學之源泉

（十二）伏神：在卦中用神未出現，須自本宮首卦將
　　　　其找出，寫在所占卦中的爻旁。

（十三）飛神：即用神所伏之爻。

（十四）應期：指出占卦之事，於何時會有結果出
　　　　現。

（十五）回頭生：卦中動爻化生變爻，變爻回過頭來
　　　　生動爻。

（十六）回頭剋：卦中動爻化生變爻，變爻回過頭來
　　　　剋動爻。

（十七）貪生忘剋：在卦中，忌神為了生元神，而忘
　　　　了去剋用神。

（十八）用神與占卦之月令關係：月令相同於用神稱
　　　　旺；月令生用神稱相；用神生月令稱休；用
　　　　神剋月令稱囚；月令剋用神稱死。

第三節 卜卦的注意事項與流程

　　占卜在古時是非常莊嚴的大事，設有專門負責此項工作的卜官，與解釋卜卦結果的筮師。時至今日，占卦方式甚多，有些甚至改良古法，捨棄繁雜的操作過程與不易尋得的卜具，讓占卦變得簡易可行，又不失其準確度。雖然如此，不同的占卦方式，仍有相同的注意事項，供占者依循，茲條列如下，俾利遵行：

（一）選擇正式合宜的場所占卦。

（二）占卦者服儀整潔，事先洗淨雙手，用清水漱好
　　　口。

（三）占卦前，占者焚香祭拜諸神明，態度恭敬，心
　　　誠則靈。

（四）一事一占，同一事件不可反覆占卦。

（五）要占問的事情，先明確地寫在紙上後，再占
　　　卦。

（六）占卦者必須準備一本萬年曆，以方便由陽曆來
　　　推求陰曆。

（七）避免在夜間十一點至凌晨一點之間占卦，因為
　　　此時辰正值日辰的換界線。

（八）準備好大小厚薄適宜的占卦用具。（註六）

凡事豫則立；不豫則廢。占卦前依注意事項做好準備工作，則占卦成功的機率就大爲提高，這就是我們常說的：「好的開始就是成功的一半了！」接下來，再依占卦的流程執行，整個卜卦的結果就呈現出來了。茲將占卦的流程條列如下：

（一）以天干地支詳記占卦日期及旬空。

（二）詳細填寫占問的事宜。

（三）唸祈禱文。

（四）起卦（本文以金錢卦爲例）。

（五）確定卦名。

（六）定出宮位及五行。

（七）安好世爻與應爻。

（八）納甲。

（九）裝六親。

（十）起六獸順序。

（十一）分析各爻之運勢。

第四節　占卦的實例說明

　　本文以金錢卦為例來說明，請先依注意事項做好前置準備工作，並備妥三枚完全相同的五元硬幣。以 ⊙ 數字面為陽面；⊙ 人頭面為陰。一次將三枚放入左右手合攏拱起的空間內，然後雙手平均用力地上下搖6～7次再放擲。若得 ⊙ ⊙ ⊙ 一數字二人頭為少陽（以稀為貴），記為—；得 ⊙ ⊙ ⊙ 一人頭二數字為少陰，記為--；得 ⊙ ⊙ ⊙ 三數字為老陽，是變動爻，記為○，它將變為--；得 ⊙ ⊙ ⊙ 三人頭為老陰，亦為動爻，記為Ｘ，它將變為—。這是要占卦六次，由下而上排列，取得一個完整六爻卦的占卜規則。

　　現以實例說明如下：

（一）依注意事項做好各項準備工作。

（二）詳細正確地以天干地支，記下占卦日期、時間及旬空。

（三）將占問的事由寫在白紙上。

（四）將三枚相同的五元硬幣放入雙手合攏拱起的空間內。

（五）唸占卦祈禱文：天何言哉，叩之即應，神之靈

人生易學概論
一位校長辦學之源泉

矣，感而遂通，今有某人（報上姓名），爲某
事（說明所問事由），不知休咎，罔釋厥疑，
惟神惟靈，若可若否，望垂昭報。

（六）起卦（開始進行金錢卦六次占卦的程序），每
擲一次即馬上記下該次爻的陰陽，記法是由下
往上依序完成。占卦六次，即可得初爻、二
爻、三爻、四爻、五爻、上爻等一個完整的六
爻卦。

（七）查找完整的八宮六十四卦世應圖表，即可定出
卦名、宮位、五行及世應爻，以下圖來做說
明：

　1.占卦日時及旬空：戊寅年癸亥月丙子日申酉空
亡。

　2.占問事宜：木人今年是否能退休？

　3.唸占卦祈禱文（略）。

4.起卦：結果如下圖示：

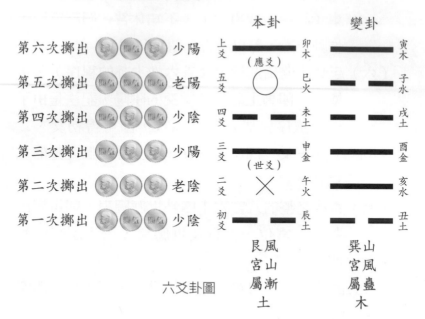

	本卦	變卦

第六次擲出 ●●● 少陽　上爻（應爻）卯木 ▬▬▬▬　寅木 ▬▬▬▬

第五次擲出 ●●● 老陽　五爻 ○ 巳火 ▬▬▬▬　子水 ▬▬　▬▬

第四次擲出 ●●● 少陰　四爻 未土 ▬▬　▬▬　戌土 ▬▬　▬▬

第三次擲出 ●●● 少陽　三爻 申金 ▬▬▬▬　酉金 ▬▬▬▬

第二次擲出 ●●● 老陰　二爻（世爻）午火 ✕ ▬▬　▬▬　亥水 ▬▬　▬▬

第一次擲出 ●●● 少陰　初爻 辰土 ▬▬▬▬　丑土 ▬▬　▬▬

六爻卦圖　　　　艮宮風山漸屬土　　巽宮山風蠱屬木

5.參考京房八宮世應表、納甲裝卦表、六親表、六獸起法表，完成本卦的納甲、裝六親、起六獸。所得如下圖所示：（以本卦來作說明）

本卦（艮宮風山漸卦）

六親	地支、五行	納甲	六獸
官鬼	卯木（應爻）	辛卯	青龍 玄武
父母	巳火	辛巳	白虎 騰蛇
兄弟	未土	辛未	勾陳
子孫	申金（世爻）	丙申	朱雀
父母	午火	丙午	
兄弟	辰土	丙辰	

人生易學概論
一位校長辦學之源泉

第五節　解卦實例說明

　　當我們學會了卜卦的先備知識、進階知識與注意事項及流程，我們便可應用所學，進行解卦的工作。茲舉一些卦例，與讀者來分享實際解卦的步驟及方法，俾利讀者能系統性地學習與瞭解，對自己日後練習占卦與解卦，能有更多且實質的幫助。

　　以下附上諸多卦例解析。

卦例解析一：

壬戌年辛亥（水）月戊戌（土）日　空亡：辰巳

占問事宜：某女子來占問與其男友可否成婚？

六獸	六親	世應	卦爻	地支	五行	變爻	地支	五行	六親
朱雀	兄弟		—	卯	木				
青龍	子孫	應爻	—	巳	火				
玄武	妻財		--	未	土				
白虎	父母		O	亥	水	--	卯	木	兄弟
螣蛇	妻財	世爻	--	丑	土				
勾陳	兄弟		O	卯	木	--	未	土	妻財

本卦：風火家人　　變卦：風地觀　　巽宮(木)

人生易學概論
一位校長辦學之源泉

（1）用神：占問感情，以世爻爲己方，應爻爲男方。

（2）斷曰：1.世爻是妻財爻，女方願意嫁給男方。

2.應爻男方巳火空亡、月破、入墓，無法生扶世爻女方。

3.動爻亥水生卯木來剋世爻丑土，代表家中父母、兄弟反對此婚事，所以婚事談不成。

卦例解析二：

戊寅年庚申（金）月戊子（水）日　空亡：午未

占問事宜：某女結婚後，前來占問是否有子息？

六獸	六親	世應	卦爻	地支	五行	變爻	地支	五行	六親
朱雀	妻財		--	戌	土				
青龍	官鬼	應爻	X	申	金	—	酉	金	官鬼
玄武	子孫		—	午	火				
白虎	子孫		--	午	火				
螣蛇	妻財	世爻	O	辰	土	--	寅	木	兄弟
勾陳	兄弟		X	寅	木	—	子	水	父母

本卦：雷水解　　變卦：澤雷隨　　震宮(木)

（1）用神：占子息以子孫爻爲用神。

（2）斷曰：1.兩子孫爻午火逢空亡，囚於月建又日破。

2.世爻代表女子，被寅木回頭剋，休於月建又日破，表示身體狀況不好。

3.初爻兄弟寅木化回頭生，但逢月破，又遇九五動爻申金化進神酉金來剋制原神寅木，使寅木無力生扶子孫爻午火。

4.世爻辰土與申月子日成三合局的水局來剋制子孫爻的午火，由此斷來，子息無望。

解析卦例三：

戊寅年甲子（水）月乙未（土）日　空亡：辰巳

占問事宜：某男來占問考試是否會上榜？

六獸	六親	世應	卦爻	地支	五行	變爻	地支	五行	六親
玄武	子孫	世爻	--	酉	金				
白虎	妻財		X	亥	水	—	戌	土	兄弟
螣蛇	兄弟		--	丑	土				
勾陳	官鬼	應爻	--	卯	木				
朱雀	父母		X	巳	火	—	辰	土	兄弟
青龍	兄弟		--	未	土				

本卦：坤爲地（六沖卦）　　變卦：坎爲水（六沖卦）　　坤宮（土）

人生易學概論
一位校長辦學之源泉

（1）用神：考試以父母爻爲用神。

（2）斷曰：1.本卦由六沖卦化爲六沖卦，表示不樂
觀。

2.用神父母爻巳火空亡、月破、休於日
辰，又動化生出辰土，越洩越弱，分
數不高。

3.五爻亥水動來剋二爻父母巳火，用神
更弱，上榜無望。

卦例解析四：

辛酉年乙未（土）月丙申（金）日　空亡：辰巳

占問事宜：某男占問事業生意能否賺錢？

六獸	六親	世應	卦爻	地支	五行	變爻	地支	五行	六親
青龍	妻財		X	未	土	—	戌	土	妻財
玄武	官鬼		—	酉	金				
白虎	父母	世爻	—	亥	水				
螣蛇	官鬼		—	酉	金				
勾陳	父母		O	亥	水	--	丑	土	妻財
朱雀	妻財	應爻	X	丑	土	—	卯	木	兄弟

本卦：
澤風大過

變卦：
天火同人

震宮（木）

人生易學概論
一位校長辦學之源泉

（1）用神：占問事業生意以妻財爲用神，本例妻財兩
　　　　　現。

（2）斷曰：1.應爻妻財丑土指合夥人，動化兄弟卯木
　　　　　　回頭剋，表示合夥人不想再投資。

　　　　　2.世爻亥水代表自己，世爻月破、日辰
　　　　　　生，表示己方須勞心勞力。

　　　　　3.上爻未土妻財化進神戌土剋世爻亥水，
　　　　　　表示辛苦工作，事業生意仍可發展賺
　　　　　　錢。

卦例解析五：

辛酉年戊戌（土）月丙寅（木）日　空亡：戌亥

占問事宜：某女士占問丈夫病況之吉凶？

六獸	六親	世應	卦爻	地支	五行	變爻	地支	五行	六親
青龍	兄弟	世爻	O	巳	火	--	酉	金	妻財
玄武	子孫		--	未	土				
白虎	妻財		O	酉	金	--	丑	土	子孫
螣蛇	官鬼	應爻	O	亥	水	--	丑	土	子孫
勾陳	子孫		X	丑	土	—	卯	木	父母
朱雀	父母		—	卯	木				

本
卦：
離爲
火

變
卦：
地澤
臨

離宮
(火)

人生易學概論
一位校長辦學之源泉

（1）用神：占夫病，官鬼爻是用神。

（2）斷曰：1.二爻子孫丑土動化卯木，形成回頭剋，
　　　　　　導致二爻丑土弱化無法剋用神官鬼。

　　　　　2.卦中子孫爻多現，表示已看過醫生，吃
　　　　　　不少藥。

　　　　　3.用神官鬼亥水動化丑土，形成回頭剋。
　　　　　　但四爻妻財酉金動化丑土，形成回頭
　　　　　　生，再生扶三爻用神亥水官鬼。

　　　　　4.巳酉丑三合局金局生用神亥水官鬼爻，
　　　　　　酉金是貴人，夫病可因治療而痊癒。

卦例解析六：

辛酉年己亥（水）月壬辰（土）日　空亡：午未

占問事宜：某男占問選舉可否當選？

六獸	六親	世應	卦爻	地支	五行	變爻	地支	五行	六親
白虎	兄弟		--	戌	土				
螣蛇	子孫		--	申	金				
勾陳	父母	世爻	—	午	火				
朱雀	兄弟		—	辰	土				
青龍	官鬼		—	寅	木				
玄武	妻財	應爻	O	子	水	--	丑	土	兄弟

本卦：雷天大壯　　變卦：雷風恆　　坤宮（土）

人生易學概論
一位校長辦學之源泉

（1）用神：以官鬼爻爲用神。

（2）斷曰：1.本卦爲六沖卦，但應爻子水動化丑土，子丑回頭合，六沖卦不成立。

2.用神官鬼寅木，受月建生扶，日辰沖之，形成暗動，生扶世爻（自己）午火。

3.占問人有青龍官鬼爻生扶自己，選舉應該可以過關。

卦例解析七：

乙丑年辛巳（火）月丁卯（木）日　空亡：戌亥

占問事宜：某男占問官司之吉凶？

六獸	六親	世應	卦爻	地支	五行	變爻	地支	五行	六親
青龍	父母		X	戌	土	—	巳	火	官鬼
玄武	兄弟		--	申	金				
白虎	官鬼	世爻	—	午	火				
螣蛇	兄弟		O	申	金	--	卯	木	妻財
勾陳	官鬼		--	午	火				
朱雀	父母	應爻	--	辰	土				

本卦：雷山小過　　　變卦：火地晉　　　兌宮(金)

人生易學概論
一位校長辦學之源泉

（1）用神：占問官司以官鬼爻為用神，本例用神持
　　　　　世。

（2）斷曰：1.用神官鬼午火持世兩現，月建又逢日辰
　　　　　生之，旺相臨白虎、勾陳，有血光、損
　　　　　傷、糾纏、牢獄之災，官司必敗，一目
　　　　　了然。

　　　　　2.上爻青龍戌土動化巳火回頭生，但戌土
　　　　　無法生扶官鬼午火，無助於官司。

卦例解析八：

甲子年壬申（金）月乙酉（金）日　空亡：午未

占問事宜：離家出走的妻子何時歸來？

六獸	六親	世應	卦爻	地支	五行	變爻	地支	五行	六親
玄武	妻財		--	未	土				
白虎	官鬼		O	酉	金	--	申	金	官鬼
螣蛇	父母	世爻	—	亥	水				
勾蛇	官鬼		—	酉	金				
朱雀	父母		—	亥	水				
青龍	妻財	應爻	--	丑	土				

本卦：澤風大過

變卦：雷風恆

震宮(木)

人生易學概論
一位校長辦學之源泉

（1）用神：占問妻子以妻財爻爲用神。

（2）斷曰：1.世爻代表己方占卜者，亥水父母持世，父母代表勞心勞力，是憂神，顯示占者煩惱操勞。

2.本卦爲獨發卦，要看動化的五爻。用神未土妻財空亡，應期爲出空待合時，妻子果然於出空後午日（午未合）申時回來。

卦例解析九：

戊寅年己未（土）月癸酉（金）日　空亡：戌亥

占問事宜：某女占問身體健康狀況？

六獸	六親	世應	卦爻	地支	五行	變爻	地支	五行	六親
白虎	妻財	應爻	--	未	土				
螣蛇	官鬼		—	酉	金				
勾陳	父母		—	亥(飛)	水		午(伏)	火	子孫
朱雀	妻財	世爻	--	辰	土				
青龍	兄弟		--	寅	木				
玄武	父母		—	子	水				

本卦：澤雷隨　　變卦：無　　震宮(木)

人生易學概論
一位校長辦學之源泉

（1）用神：某女占問己身狀況，以世爻妻財為用神。
（2）斷曰：1.世爻辰土妻財，旺於月令，合於日辰，
　　　　　　代表身體狀況還好。午火伏神子孫爻代
　　　　　　表醫藥，受亥水飛神剋制，顯示醫藥無
　　　　　　助於身體。本卦六爻皆靜，又非六沖
　　　　　　卦，表示身體狀況還可以。

卦例解析十：

癸卯年辛酉（金）月戊寅（木）日　空亡：辰巳

占問事宜：某男占問民國114年可否退休？

六獸	六親	世應	卦爻	地支	五行	變爻	地支	五行	六親
朱雀	官鬼	世爻	―	寅	木				
青龍	妻財		X	子	水	―	巳	火	父母
玄武	兄弟		--	戌	土				
白虎	子孫	應爻	―	申	金				
螣蛇	父母		X	午	火	―	亥	水	妻財
勾陳	兄弟		--	辰	土				

本卦：艮爲山　　變卦：巽爲風　　艮宮（土）

人生易學概論
一位校長辦學之源泉

（1）用神：占者爲校長，自占可否退休？官鬼寅木用
　　　　神持世。

（2）斷曰：1.世爻官鬼雖月破，但旺於日辰，五爻妻
　　　　　　財與二爻父母動化後受剋，對世爻官鬼
　　　　　　產生不了作用，官鬼持世適於再任校
　　　　　　長。本卦與變卦皆爲六沖卦，顯示退休
　　　　　　不利，不宜辦退休。

第八章

用易人生

從易經發展史而言，它相傳起源於伏羲畫卦，文王作卦辭，孔子作十翼，經過了上古的圖象時代，中古的卜筮時代，先秦的哲學時代，流傳至今已近七千年，是一部歷數千年而不朽的經典奇書。

在中國，易經被視爲群經之首，智慧的源泉。從古至今，不分國內、國外，研究易經的學人與著作，汗牛充棟，無法勝數。對易經讚譽有加的名家，不乏其人，如：唐朝古文大家韓愈說：「易奇而法。」新儒家開派宗師熊十力說：「夫易、春秋雖並稱，而漢人相傳，易爲五經之原，比春秋尤尊矣。」已故一代大哲方東美先生說：「周易實在是一部奇書，中國歷代思想都可以附會其說。」對易經非常推崇的外國名家，如：分析心理學家容格讚嘆說：「易經乃是一大奇書！」德國易學家及易經翻譯名家衛禮賢說：「易經乃是一部智慧寶典！」著有中國科技史的英國籍李約瑟博士說：「易經是涵蘊萬有的概念之庫！」（註一）

人生易學概論
一位校長辦學之源泉

第一節　易經一書的特點

　　易經繫辭上傳第十一章：「子曰：夫易何爲者也？夫易，開物成務，冒天下之道，如斯而已者也。是故聖人以通天下之志，以定天下之業，以斷天下之疑。」易經是怎樣的一本書呢？孔子告訴我們說：「易經概括天下事物之理，能啓發人所未知，幫助人所未能之事。易經能啓發人如何預測未來的吉凶，能幫助人成就他想成就的事業，能決斷天下之人的疑慮。」易經之用大矣哉！什麼樣的原因使易經成爲天下第一奇書呢？筆者認爲是易經具有下列特點乃成爲千古不朽之經典奇書。

　　第一特點是：易經講求權變。漢代易緯乾鑿度，以爲易有三義：簡易、變易、不易。漢人鄭玄的易贊與易論說：「易一名而含三義。簡易一也，變易二也，不易三也。」孔穎達周易正義曰：「易者，變化之總名，改換之殊稱；……謂之爲易，取變化之義。」楊萬里誠齋易傳曰：「易之爲言變也，易者聖人通變之書也。」（註二）易經主變，權變爲其特點。

　　第二特點是：易經是跨領域的學問。四庫全書總目提要易類－門目下云：「易道廣大，無所不包。旁及天文、地理、樂律、兵法、韻學、算術，以逮方

外之爐火，皆可援易以爲說；而好異者又援以入易，故易說愈繁。」繫辭下傳云：「易之爲書也，廣大悉備：有天道焉、有人道焉、有地道焉，……」然就易學象數派而言，可說是易學的實務應用面，涉及堪輿、命理、相術、占卜領域等，義理派是易學哲學理論面，涉及政治哲學、歷史哲學、人生哲學、價值哲學等領域。

第三特點是：易經可預測未來，俾利趨吉避凶。繫辭傳上云：「易與天地準，故能彌綸天地之道。……原始反終，故知死生之說；精氣爲物，遊魂爲變，是故知鬼神之情狀。」又云：「夫易，廣矣大矣。以言乎遠則不可禦，以言乎邇則靜而正，以言乎天地之間則備乎。」易經的卜筮法，操作時有一定的儀節與程序，卜筮之後，可得卦體、卦爻辭，由卜師、筮師依卦象解析預測，再提出趨吉避凶的建議。

第四特點是：易經提出許多修身養性的方法。孔子說：「加我數年，五十以學易，可以無大過矣。」易經六十四卦大象辭提出君子進德修業的行爲準則，如：乾卦〈象〉曰：天行健，君子以自強不息。坤卦〈象〉曰：地勢坤，君子以厚德載物。不勝枚舉，筆者僅列幾例代表。大象辭先述卦象，再勉人應怎樣效法此象的意義，指出哪些是君子應該做的。

第五特點是：易經是美感的源泉。以陰（--）陽

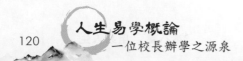

人生易學概論
一位校長辦學之源泉

120

（一）兩種簡單線條，形成八個基本卦，呈現出大自然的天、澤、火、雷、風、水、山、土；將八卦重爲六十四卦，解釋了宇宙人生方方面面的現象。這種以 **--**、**一**符號不斷變化、生成、更新，形成圖象的美感之外，對自然的平衡和諧之發展，提供了美的哲學詮釋。

　　第六特點是：易經在求陰陽平衡。周易說卦傳云：「天地定位，雷風相搏，山澤通氣，水火不相射。」這乃是從空間上來說明先天八卦對應之關係，如：乾（天）對坤（地）；震（雷）對巽（風）……等。繫辭傳云：「萬物出乎震，震，東方也；齊乎巽，巽東南也……艮東北之卦也，萬物之所成終而所成始也，故曰成言乎艮。」這乃是從時間流行上，來闡明後天八卦講求事物有陰陽相成的一面。從先天八卦與後天八卦觀之，陰陽關係既對應又相成，最終目的在追求陰陽平衡。

　　第七特點是：易經追求天人合一之境界。乾爲天，坤爲地，乾坤乃易經之門戶。乾卦文言傳云：「夫大人者，與天地合其德，與日月合其明，與四時合其序，與鬼神合其吉凶，先天而天弗違，後天而奉天時，天且弗違，而況於人乎？況於鬼神乎？」這乃是在指出，三才之一的人呀！要與天地的德行合一，與日月的光輝同等，進退要如四時的更替有序，對於

先天或後天的大自然法則，遵奉弗違，做到天人合一的境界。

　　第八特點是：易經乃哲學之經典。繫辭傳云：「形而上者謂之道，形而下者謂之器。」又云：「易之為書也，廣大悉備，有天道焉，有人道焉，有地道焉。」再云：「一陰一陽之謂道，繼之者善也，成之者性也。」道在易經中出現一○三次，易經形上哲學即是道學，而且包括天道、人道、地道等思想。易經研究以日月為主要標誌的天體運行規律，進而從古天文學引申出萬事萬物運動變化之理，經緯天地，博綜萬類的古代哲學著作，因而被歷代學術大師奉為百科之母、萬事之則、群經之首。（註三）

第二節　人生易經學

　　一門學問的研究，大概分為兩方面：實務應用與理論體系。這兩方面，是一體的兩面，關係密切。實務應用背後要有理論體系的根據；理論體系要用實務應用來發揮其功能。一門完整的學術，就須兼有實務應用及理論體系。整全的易學，也應該是如此！

　　易經為群經之首，百科之源，中華文化的代表，更是中國歷史上最古老的哲學經典。經典必須源於生活文化，與生活文化結合，發揮傳統文化的教化功能，振民育德，化民成俗。易經亦當如是觀，融入人民生活，讓不朽的經典奇書發揮它最大的功能。

　　易經是中華學術的總匯，代表原始儒家的哲學思想。君子這個詞，在儒家的代表作論語一書中出現一〇七次，在易經古經經文中出現九十六次。由此可見，論語與易經的教育思想同於儒家，主要目的在把人民培育成君子，使其人品高尚，在待人處世各方面表現出合宜的言行舉止，這就是易經的君子學。一位君子要如何修養心性呢？這可在易經中乾、坤、蒙、小畜、否、大有、謙、蠱、大畜、頤、大過、咸、恆、遯、大壯、晉、家人、蹇、損、益、升、震、漸、兌、小過等卦的象傳中，找到行為準則，作為修

養心性的指導。

　　另外，易經也依大學此書之次第，於修身之外，也對齊家、治國、平天下之道有所著墨，茲將談及齊家、治國、平天下的卦名，列出如下：

（一）經營美滿家庭，發揮家庭功能的齊家學之卦，如：蒙、小畜、蠱、大過、咸、恆、家人、姤、歸妹等，在這些卦的卦辭、爻辭、象傳中，可以找到經營家庭的方針。

（二）從政之路，發揮治理功能的治國學之卦，如：屯、訟、師、履、臨、賁、坎、明夷、解、艮、豐、旅、巽、中孚等，在這些卦的象傳中，可以找到從政與治理人民的良方。

（二）治理國家，立足天下的天下學之卦，如：同人、井、革、夬、萃、鼎、漸、節、既濟、師、比、謙、臨、家人、益、觀、姤、革、艮等卦，在這些卦的爻辭、象傳、象傳，可以找到治理國家，立足天下，放眼世界的方略。

　　從修身、齊家、治國、平天下的次第，歷經一個人人生發展的各個重要階段，每個關鍵時期，易經都能提出人生的行為準則，俾利讀易者審慎奉行，以達趨吉避凶之目的，圓滿完成人生之目標。讀易者要好好珍惜人生易經學，讓自己在人生道路上，左右逢源，成就自己美好人生。

第三節　易經——一位校長辦學之源泉

　　我在小學服務超過四十年，擔任過導師、科任教師、組長、主任與校長等職務。當導師與科任時，單純地面對學生及家長，應付裕如，教職生涯過得充實愉快。任職行政主管與校長時，因面對的人、事、物，已擴及外面的機關、士紳、民代與上級行政單位，事情變得多樣化、複雜化、衝突化、矛盾化與困難化，使得後半段的教育行政生涯充滿不確定性與挑戰性。

　　這四十多年來，發生不少大大小小的事件，其中，最令我震憾、難過與棘手的事情，都發生在我任職校長的期間裏，至今回想起來，不禁要捏把冷汗，也會讚嘆那時的自己，挺得住沒被打敗，真是不簡單啊！

　　幾件大事，令我難忘！民國九十五年初任校長，不到一學期，就被議員單獨叫到議會去質詢，好幾位議員放話要修理我，一個學期二十週，督學來校視導十二次，對我形成巨大的壓力。民國一〇一年至一〇二年一月底，在寒假前有辦理校長遴選。校長遴選前，校內一位頗有爭議的老師，不斷地抹黑我，在網

路上放話攻擊我，我也因為他的事情，被傳喚到臺中地方法院出庭，這些事件對我的校長遴選或多或少都會產生不良的影響，也令我困擾不已。民國一〇六年三月份，一位女士打扮得很可憐，至豐原市陽明大樓內舉牌陳抗，說我是黑道校長、流氓校長，要求校長遴選不要讓我過關，教育局國小教育科與學生事務處督學介入調查，在校長遴選前夕，造成很大的壓力及困擾。幸好，之前服務過的學校，教師會及家長會與我接洽，歡迎我再回到初任校長的學校服務，不然，我可能就要被迫退休了！回想起來，真是不幸中的大幸呀！

在教育現場，每當遇到棘手大事，我便想起易經，拿出易經，思索易字的大義。易經的易字，根據歷代學者的研究，總共有簡易、不易、變易、交易、革命等五種涵義。易經主變，變通是常道。它教導我們，在面對事情時要懂得權變，因時因地因人而制宜，朝好的面向去改變處理。

問題發生時，我會想起先天八卦空間對應關係，與後天八卦時間流衍的關係，掌握事情發生的時空背景資訊，瞭解來龍去脈，預先擬妥因應策略，俾利問題能圓滿解決。

個人讀易經，前前後後，斷斷續續了好幾年，對易經雖然沒有完整深入地瞭解，但仍有自己研易的

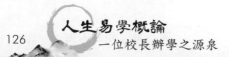

心得。我認為易經是主變說，唯變所適，講求通權達變，但先天、後天條件許可下，不易也是權變的選項之一。陽極生陰，陰極生陽，陰陽相生，物極必反，所以易經追求陰陽和諧平衡，奉行中道、中庸。易經研究大自然山、澤、風、火、雷、水、天、地與日月天體運行規律，歸納出萬事萬物變化、生成之理，追求如大自然界的規律平衡，達到天人合一的境界。以簡單的--與—，創造出八個基本卦來表示大自然的主要現象，再將八基本卦重為六十四卦，以簡單符號解釋宇宙人生複雜的現象，以簡馭繁，在紛亂多元的世界中，找出簡單基本的原則，作為預測未來之用，以防患未然。研讀易經之後，瞭解到易經的諸多原理，在我們做決策時能提供新思維、新見解，讓決策品質更好、更周延，行事遵奉中道、中庸原則，教育措施更易於推動。每當我在教育行政工作上遇到問題，總是從易經裏找解方，它始終如實地幫我化解困難，易經是我辦學的源泉。

在讀易經時，我會嘗試以易經的原理，對個人的行政領導與決策，進行省思與檢示，以瞭解這些行政作為是否周延？權變？中道（庸）？平衡？和諧？合理？可行？茲將個人省悟所得的行政作為座右銘，與讀者分享如下：

一、忍氣吞聲，謹言慎行；外圓內方，沉著穩

重。

二、調節脾氣，清靜身心靈。

三、心胸寬大，謙悲爲懷。平常心做事，同理心
待人。

四、多運動，少應酬。多蔬果，少酒肉。

五、理直氣和，義正辭婉，不可心存仇恨與報
復。

六、平等、中立地對待宗教、種族、性別、政
黨、派系。不可表態自己屬於某政黨或某派
系。

七、不可有做官的心態，要以服務的態度做事。

八、是重擔、是責任、是榮譽。要服務、要奉
獻、要犧牲。

九、不要求十全十美，只要同仁努力就好。

十、七分校內，三分校外。對各級民意代表、記
者、民眾都要禮貌尊重，理性溝通。

十一、以法理規範習慣及多數教職員工的意志，作
爲領導方針。

十二、校長是法令規章與集體意志的代言人，不是
命令的發佈者。

十三、要靠全體教職員工協力推動校務，不是靠校
長一人的命令。

十四、校長是意見的協調者，全校力量的整合者。

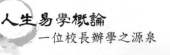

人生易學概論
一位校長辦學之源泉

十五、每次要求，必須先想想：是否依法規？是否有根據？是否有道理？

十六、要分層負責、逐級授權、權責相等，分工的目的是爲了合作。

十七、減少不必要的瑣事，努力做好重要的事情。

十八、校務會議、行政會報、晨會、多請、先請各處室主管報告所屬業務；校長只做重點提醒、糾紛解決、綜合決定、結論宣布、進度催促、歸納仲裁。

十九、要親近教職員工生，也要保持適當距離，好維護領導自尊。

二十、傾聽並尊重家長與學生的心聲；以道理及表率教化社會民心。

二十一、要時時進修，吸收教育專業知識、法規；又要隨時瞭解時勢，不可與社會脫節。

二十二、要知道我的一言一行，影響千百人。我的言行一定無法保密，一定會受到公評。

二十三、要感謝每一位教職員工同仁，他們都在爲學校做事；我要關心他們的疾苦，替他們承擔公務上的責任，把好處與功勞歸給他們。

　　再就易經六爻卦之研究，我也得到一些啟發。六爻卦的一、二爻代表地，三、四爻代表人，五、六爻代表天。天、地、人三者，乃三才也。以六爻卦觀

之，人立於天地之間，此乃暗示吾人：把握天時與地利，做個頂天立地之人啊！六爻卦，下面三爻是下卦，亦稱內卦，代表內在本質、自己，簡稱己方；上面三爻是上卦，亦稱外卦，代表外在環境及他物，簡稱他方。由內卦（己方）外卦（他方）思之，可得四種領導模式，如下圖所示：

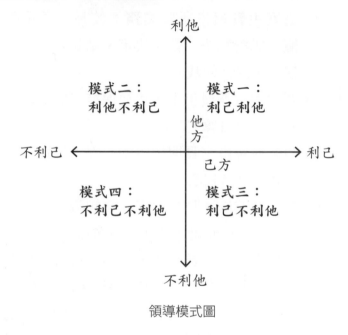

領導模式圖

1.第一種領導模式：利己利他，成人成己，是最好的領導。

2.第二種領導模式：利他不利己，犧牲自己成就他人，具有利他精神，是次好的領導模式。

人生易學概論
一位校長辦學之源泉

3. 第三種領導模式：利己不利他，犧牲他人成就自己，可能淪爲被批以人爲工具的領導。
4. 第四種領導模式：不利己不利他，造成領導者與被領導者雙重利益的損害，是最不可取的領導模式。

　　由上述的比較分析，生而爲人，就要做頂天立地之人，採取第一種領導模式，利己利他，成人成己，造福人民，光輝生命，圓滿人生。

第四節　易經領導術

　　唐朝名臣虞世南說：「不讀易經，不可爲將相。」殷周之際，易經爲宮廷之學、貴族之學，統治階級的領導者必讀之經典。整部易經，尤其是易傳部分，有哪些相關的領導藝術哲理呢？筆者依個人研習易經之心得，提出下列幾種易經的領導術：

（一）道德領導：繫辭上傳云：「子曰：『易其至矣乎！夫易，聖人所以崇德廣業也。……天地設位，而易行乎其中矣。成性存存，道義之門。』易理是至高無上的境界，人處於天地之間，可把易理推廣運用，用易理修身以成就善性，就是找到通向道義的門戶。易經大象傳中，列出許許多多君子修身之道與言行準則，因此，易經也可以說是一部君子之學。易經希望研易者能成爲一位君子，具有高尙的道德，言行一致，以身作則來領導人民。所以，易經的領導術之一，即是道德領導。

（二）權變領導：繫辭下傳云：「易之爲書也不可遠，爲道也屢遷。變動不居，周流六虛，上下無常，剛柔相易，不可爲典要，唯變所適。」鄭玄之易論云：「易一名而含三義：易簡一

人生易學概論
一位校長辦學之源泉

也；變易二也；不易三也。」清毛奇齡云：
「予作仲氏易，就五易以衍三易：曰變易、曰
交易、曰反易、曰對易、曰移易。」易之精義
有多種詮釋，易經明顯地呈現主變說，在各種
變易中，不易也是變易中的選項之一。所以，
易經的領導術之二，即是權變領導。

（三）平衡領導：繫辭傳云：「一陰一陽之謂道。繼
之者善也，成之者性也。」又云：「子曰：
『乾坤其易之門耶！乾，陽物也；坤，陰物
也。陰陽合德而剛柔有體，以體天地之撰，以
通神明之德。』」又云：「陽卦多陰，陰卦多
陽。」易經闡釋一陰一陽的變化法則，任何事
物存在陰陽兩個方面，如：有男即有女；有光
明即有黑暗等等，這是天地萬物的普遍規律。
朱熹周易本義云：「陰生陽，陽生陰，其變無
窮。」一陰一陽相互運動，變化就產生了，但
陰極生陽，陽極生陰，避免物極必反現象之產
生，達到陰陽平衡，動態和諧之發展狀況。所
以，易經的領導術之三，即是動態平衡之領
導。

（四）空間領導：易經六十四卦，每卦六爻，有卦辭
與爻辭，卦爻辭會提及卦的中、正、位、時等
重要概念。我們在看卦的時候，會先找陰爻是

否位於二爻？陽爻是否位於五爻？該卦是否居中又得正位？陽爻是否位於一、三、五爻？陰爻是否位於二、四、上爻？該卦六爻是否當位？易經六爻卦，每一卦、爻都有獨特的時與位。時就是時間；位就是空間。換言之，易經非常強調萬事萬物的時空關係。易經要我們在對的時間、對的空間下，做出合理的決策與行為，俾利趨吉避兇。所以，易經領導術之四，即是空間領導。

（五）前瞻領導：繫辭傳云：「是故易有太極，是生兩儀，兩儀生四象，四象生八卦，八卦定吉凶，吉凶生大業。……易有四象，所以示也。繫辭焉，所以告也。定之以吉凶，所以斷也。」又云：「八卦以象告，爻象以情言。剛柔雜居，而吉凶可見矣。」周易的四象八卦，用卦形象徵展現哲理，卦爻辭陳述卦義，六爻陽剛陰柔交錯排列，可讓人們看清事物變化的吉凶，用來判斷處事的得失，而趨吉避凶。繫辭傳亦云：「夫易，彰往而察來，而微顯闡幽。」周易把殷周史實公諸於眾為借鑑，幫助人們察知未來，使微茫之兆顯露，並闡明幽深之理，解人之疑惑。周易思想讓我們瞭解到，為人處事須懂事審時度勢，不重蹈過往的錯

誤，放眼未來，努力做好每一件事。個人如此，領導團隊也應如此！所以，周易的領導術之五，即是前瞻領導。

（六）生剋領導：宋儒周敦頤云：「分陰分陽，兩儀立焉，陽變陰合而生水火木金土，五氣順布，四時行焉。五行一陰陽也，陰陽一太極也，太極本無極也。」太極宇宙由水、火、木、金、土五行氣化而成，五行相生相剋，生生不息，變化無窮。五行生剋原理適用於大自然，人類團體生存於其中，在從事各項活動與工作上，也會有生剋現象的情況。領導者需瞭解組織裏，哪些成員是可以合作共事的。在人力資源、工作任務、經費等的分配與運用上，領導者要創造相生相輔的新局，防範相剋相抑的情況發生，避免落入本位主義，各行其是，無法相互協調、合作共事，致使組織績效與目標之達成受到影響。所以，組織領導者必須重視周易領導術之六，即是生剋領導。

附
錄

附錄一：六十四卦世應十二地支表

乾宮（金兄）

卦符	卦名	卦兆	世爻	應爻	外卦地支	內卦地支
䷀	乾	時來運轉之兆	上爻	三爻	戌申午	辰寅子
䷫	姤	時來運轉之兆	初爻	四爻	戌申午	酉亥丑
䷠	遯	謀事不遂之兆	二爻	五爻	戌申午	申午辰
䷋	否	凶多吉少之兆	三爻	上爻	戌申午	卯巳未
䷓	觀	貴人扶持之兆	四爻	初爻	卯巳未	卯巳未
䷖	剝	小人瑣碎，幹事無成之兆	五爻	二爻	寅子戌	卯巳未
䷢	晉	時來運轉之兆	四爻	初爻	巳未酉	卯巳未
䷍	大有	做事穩當之兆	三爻	上爻	巳未酉	辰寅子

附註一：參考文獻：馮家金、李蓮美（2004）。新編金錢課：周易入門與應用。臺北縣：頂淵文化事業有限公司。

人生易學概論
一位校長辦學之源泉

震宮（木兄）

卦符	卦名	卦兆	世爻	應爻	外卦地支	內卦地支
䷲	震	諸事有成之兆	上爻	三爻	戌申午	辰寅子
䷏	豫	逢凶化吉之兆	初爻	四爻	戌申午	卯巳未
䷧	解	有禍無傷之兆	二爻	五爻	戌申午	午辰寅
䷟	恆	百事如意之兆	三爻	上爻	戌申午	酉亥丑
䷭	升	時來運轉，發財生福，貴人扶持之兆	四爻	初爻	酉亥丑	酉亥丑
䷯	井	時來運轉之兆	五爻	二爻	子戌申	酉亥丑
䷛	大過	虛花之象之兆	四爻	初爻	未酉亥	酉亥丑
䷐	隨	步步登高之兆	三爻	上爻	未酉亥	辰寅子

附註一：內卦外卦地支是由右往左排起，如下：

外卦地支			內卦地支		
戌（上爻）	申（五爻）	午（四爻）	辰（三爻）	寅（二爻）	子（初爻）

人生易學概論

一位校長辦學之源泉

坎宮（水兄）

卦符	卦名	卦兆	世爻	應爻	外卦地支	內卦地支
䷜	坎	無功之兆	上爻	三爻	子戌申	午辰寅
䷻	節	百無禁忌之兆	初爻	四爻	子戌申	丑卯巳
䷂	屯	顛倒錯亂之兆	二爻	五爻	子戌申	辰寅子
䷾	既濟	吉慶如意之兆	三爻	上爻	子戌申	亥丑卯
䷰	革	時來運轉之兆	四爻	初爻	未酉亥	亥丑卯
䷶	豐	時來運轉之兆	五爻	二爻	戌申午	亥丑卯
䷣	明夷	臨事困難，為不順之兆	四爻	初爻	酉亥丑	亥丑卯
䷆	師	諸事成全之兆	三爻	上爻	酉亥丑	午辰寅

艮宮（土兄）

卦符	卦名	卦兆	世爻	應爻	外卦地支	內卦地支
䷳	艮	主力竭不遂之兆	上爻	三爻	寅子戌	申午辰
䷕	賁	如意之兆也	初爻	四爻	寅子戌	亥丑卯
䷙	大畜	再無間隔阻擋之兆	二爻	五爻	寅子戌	辰寅子
䷨	損	做事費力之兆	三爻	上爻	寅子戌	丑卯巳
䷥	睽	主事不遂心，弄巧反拙之兆	四爻	初爻	巳未酉	丑卯巳
䷉	履	國家禎祥之兆	五爻	二爻	戌申午	丑卯巳
䷼	中孚	事當從緩做，不可迫急之兆	四爻	初爻	卯巳未	丑卯巳
䷴	漸	喜慶之兆也	三爻	上爻	卯巳未	申午辰

人生易學概論
一位校長辦學之源泉

巽宮（木兄）

卦符	卦名	卦兆	世爻	應爻	外卦地支	內卦地支
䷸	巽	困極生福之兆	上爻	三爻	卯巳未	酉亥丑
䷈	小畜	暫且忍耐之兆	初爻	四爻	卯巳未	辰寅子
䷤	家人	空望虛花之兆	二爻	五爻	卯巳未	亥丑卯
䷩	益	困極生榮之兆	三爻	上爻	卯巳未	辰寅子
䷘	无妄	主事不如意之兆	四爻	初爻	戌申午	辰寅子
䷔	噬嗑	滕巧之兆也	五爻	二爻	巳未酉	辰寅子
䷚	頤	否極泰來之兆	四爻	初爻	寅子戌	辰寅子
䷑	蠱	弄巧反拙之兆	三爻	上爻	寅子戌	酉亥丑

離宮（火兄）

卦符	卦名	卦兆	世爻	應爻	外卦地支	內卦地支
䷝	離	主做事有成，發福生財之兆	上爻	三爻	巳未酉	亥丑卯
䷷	旅	主做事無成之兆	初爻	四爻	巳未酉	申午辰
䷱	鼎	主一舉兩全之兆	二爻	五爻	巳未酉	酉亥丑
䷿	未濟	小人坑害，內裡生凶之兆	三爻	上爻	巳未酉	午辰寅
䷃	蒙	時運不祥之兆	四爻	初爻	寅子戌	午辰寅
䷲	渙	枉費徒勞之兆	五爻	二爻	卯巳未	午辰寅
䷅	訟	事不順利之兆	四爻	初爻	戌申午	午辰寅
䷌	同人	無往不利之兆	三爻	上爻	戌申午	亥丑卯

人生易學概論
一位校長辦學之源泉

兌宮（金兄）

卦符	卦名	卦兆	世爻	應爻	外卦地支	內卦地支
䷹	兌	如意湊巧之兆	上爻	三爻	未酉亥	丑卯巳
䷮	困	謀望不穩之兆	初爻	四爻	未酉亥	午辰寅
䷬	萃	飛龍在天，利見大人之兆	二爻	五爻	未酉亥	卯巳未
䷞	咸	時來運轉之兆	三爻	上爻	未酉亥	申午辰
䷦	蹇	諸事纏綿，謀望不遂之兆	四爻	初爻	子戌申	申午辰
䷎	謙	百事亨通之兆	五爻	二爻	酉亥丑	申午辰
䷽	小過	主進則有功，退則無益之兆	四爻	初爻	戌申午	申午辰
䷵	歸妹	謀望不遂之兆	三爻	上爻	戌申午	丑卯巳

坤宮（土兄）

卦符	卦名	卦兆	世爻	應爻	外卦地支	內卦地支
䷁	坤	順利之兆也	上爻	三爻	酉亥丑	卯巳未
䷗	復	與人不和，反臉無情之兆	初爻	四爻	酉亥丑	辰寅子
䷒	臨	時運亨通之兆	二爻	五爻	酉亥丑	丑卯巳
䷊	泰	大吉大利之兆	三爻	上爻	酉亥丑	辰寅子
䷡	大壯	運氣抬頭之兆	四爻	初爻	戌申午	辰寅子
䷪	夬	吉慶如意之兆	五爻	二爻	未酉亥	辰寅子
䷄	需	時運亨通之兆	四爻	初爻	子戌申	辰寅子
䷇	比	無往不利之兆	三爻	上爻	子戌申	卯巳未

人生易學概論
一位校長辦學之源泉

附錄二：參考文獻

第一章之參考文獻

註一：林政華（1987）。易學新探。台北：文津出版社。

註二：今泉久雄（1996）。解開二千年來的八卦秘密——易經之謎。台北：武陵出版有限公司。

註三：黃慶萱（2008）。周易縱橫談。台北：東大圖書股份有限公司。

註四：許仁圖（2018）。孔子易。高雄：河洛圖書出版社。

註五：黃沛榮編（1991）。易學論著選集——附朱熹周易本義。台北：長安出版社。

註六：呂紹綱（1996）。周易闡微。台北：韜略出版有限公司。

註七：謝寶笙（1994）。易經之謎是如何打開的。香港：明窗出版社。台灣總代理：淑馨出版社。

第二章之參考文獻

註一：吳宏一（2022）。周易新繹通論編。台北：遠流出版事業股份有限公司。

註二：黃振華（2016）。易經哲學講義。台北：時英

出版社。

註三：謝寶笙（1994）。易經之謎是如何打開的。香
　　　港：明窗出版社。台灣總代理：淑馨出版社。

註四：郭孟光（2020）。易：易卜易解。台北：城邦
　　　印書館股份有限公司。

註五：鍾茂基（1998）。易學初階。台北：武陵出版
　　　社。

註六：張善文（2015）。周易新解。新北：華志文化
　　　事業有限公司。

註七：南懷瑾、徐芹庭（2018）。周易今註今譯。台
　　　北：臺灣商務印書館。

註八：黃沛榮編（1991）。易學論著選集—附朱熹周
　　　易本義。台北：長安出版社。

第三章之參考文獻

註一：劉紀盈（2021）。成為一個完全的人－道德自
　　　我教育法。台中：劉紀盈出版：白象文化事業
　　　有限公司總經銷。

第四章之參考文獻

註一：吳自甦（1968）。中國家庭制度。台北：臺灣
　　　商務印書館股份有限公司。

註二：張振宇（1974）。家庭教育。台北：三民書局

人生易學概論
一位校長辦學之源泉

　　股份有限公司。

註三：混元禪師（1997）。易經心法入門。南投：張
　　　　益瑞。

第五章之參考文獻

註一：賈馥茗等編著（2003）。中西重要教育思想
　　　　家。臺北縣：國立空中大學。

註二：錢穆（2008）。論語新解。台北：東大圖書股
　　　　份有限公司。

註三：邱鎮京（2001）。論語思想體系。台北：文津
　　　　出版社有限公司。

第六章之參考文獻

註一：黃光國（2010）。反求諸己：現代社會中的修
　　　　養。台北：洪葉文化事業有限公司。

註二：陳滿銘（1989）。中庸思想研究。台北：文津
　　　　出版社。

第七章之參考文獻

註一：蔡尚思主編（1992）。十家論易。湖南長沙：
　　　　岳麓書社。

註二：宇淳玄人（2007）。六爻占驗達人。台北：武
　　　　陸出版社。

註三：元權法師（2019）。禪機山易經風水研究班工具書。台中：唯心道場。

註四：元合法師（2003）。唯心宗仙佛寺易經大學高雄先修三班筆記二之一。高雄：高雄道場。

註五：馮巖筑（1999）。開館人易經卜卦實務。台北：武陵出版有限公司。

註六：鍾茂基（2016）。斷易精要。台北：進源書局。

第八章之參考文獻

註一：李煥明（1992）。易經的生命哲學。台北：文津出版社有限公司。

註二：林尹（1953）。中國學術思想大綱。台北：東方書店。

註三：鄒學熹、余賢武（2009）。易經。新竹：凡異出版社。

附註：各章參考文獻排列順序，是依各章註解之順序排定之。

國家圖書館出版品預行編目資料

人生易學概論———位校長辦學之源泉／劉紀盈
著. --初版.--臺中市：白象文化事業有限公司，
2024.7
　　面；　公分
ISBN 978-626-364-364-2（平裝）
1.CST: 修身 2.CST: 生活指導
192.1　　　　　　　　　　113006586

人生易學概論———位校長辦學之源泉

作　　者　劉紀盈
校　　對　劉紀盈
發 行 人　張輝潭
出版發行　白象文化事業有限公司
　　　　　412台中市大里區科技路1號8樓之2（台中軟體園區）
　　　　　出版專線：（04）2496-5995　　傳眞：（04）2496-9901
　　　　　401台中市東區和平街228巷44號（經銷部）
　　　　　購書專線：（04）2220-8589　　傳眞：（04）2220-8505
專案主編　李婕
出版編印　林榮威、陳逸儒、黃麗穎、水邊、陳婷婷、李婕、林金郎
設計創意　張禮南、何佳諠
經紀企劃　張輝潭、徐錦淳、林尉儒
經銷推廣　李莉吟、莊博亞、劉育姍、林政泓
行銷宣傳　黃姿虹、沈若瑜
營運管理　曾千熏、羅禎琳
印　　刷　基盛印刷工場
初版一刷　2024年7月
定　　價　280元

白象文化　印書小舖　出版・經銷・宣傳・設計
www.ElephantWhite.com.tw　自費出版的領導者　購書 白象文化生活館